OLIVIERS

SERGE SCHALL

OLIVIERS

Comment les choisir
et les cultiver facilement

ULMER

SOMMAIRE

AVANT-PROPOS

Depuis ces deux dernières décennies l'olivier connaît un engouement qui ne se dément pas, au même titre que toutes les plantes exotiques et méditerranéennes. Mais son succès doit beaucoup à sa nature, j'allais dire à sa «personnalité» si particulière. C'est ainsi qu'il s'est éloigné de sa zone de culture traditionnelle pour gagner le reste de la France. On le rencontre aussi bien dans les grandes jardineries parisiennes et des autres grandes villes de France que chez les pépiniéristes de l'ouest de la France, sous des formes traditionnelles ou plus surprenantes.
Quel est le lien alors entre la petite plante fournie avec sa petite bouteille d'huile d'olive, comme on peut en voir dans les boutiques cadeaux, et le vénérable multi-centenaire arraché à son Espagne natale ? Comment faire le tri entre toutes les propositions mais aussi entre ses propres envies ? Un olivier chez soi, oui, mais où, dans quelles conditions, et pourquoi ?
Ce livre est constitué de trois parties. Dans la première, l'olivier est abordé sous son aspect purement décoratif, cultivé en pot, pour le bonheur des citadins et des néo-ruraux possesseurs de petits jardins, de terrasses et de balcons, et des habitants des zones suffisamment froides pour les obliger à le protéger en hiver. Autant dire presque tout le monde.
La deuxième partie est aussi consacrée à l'olivier sous son angle ornemental, cette fois-ci au jardin. Il s'adresse à tous les jardiniers de la zone de l'olivier et des climats pouvant permettre sa culture en pleine terre. Ils pourront bien entendu récolter des olives, sans que la cueillette soit une priorité.
Enfin, la troisième partie s'adresse aux jardiniers désireux de planter une petite oliveraie de quelques sujets seulement, ou beaucoup plus.
La récolte et la consommation sont alors au centre des préoccupations. La production de sa propre huile d'olive est à portée de tout un chacun avec seulement quelques arbres.

▼ Symbole de paix, de longévité et de renaissance, voire d'immortalité pour certains, un livre ne suffirait à décrire tout ce que représente l'olivier dans l'imaginaire des hommes depuis de milliers d'années.

Origine & culture

L'origine géographique de l'olivier se situe en Asie du sud-ouest, vraisemblablement entre l'actuelle Arménie et les sources de l'Indus, où on a trouvé des traces remontant au paléolithique supérieur (- 35000 à - 10000 ans avant J.C.). On doit beaucoup aux populations sémites et aux égyptiens qui l'ont introduit dans l'ouest du Bassin Méditerranéen, et ont amélioré sans cesse les fruits de son ancêtre sauvage, l'oléastre.

Son utilisation est assez récente, en terme d'agro-botanique, puisque les Babyloniens ne connaissaient que l'huile de sésame. Du temps d'Homère, au 10 ème siècles avant notre ère, l'huile d'olive est encore un produit d'importation dans le monde grec.

Cinq siècle plus tard, enfin, on trouve des traces de récits faisant mention de cultures dans les îles grecques, notamment celle de Samos, baptisée l'île des olives, et celles de textes régissant la culture de l'olivier et le commerce de son huile. Les Grecs ont transmis sa culture en Italie, et les Phéniciens en Sicile. Puis les Romains, dans leurs conquêtes, l'ont apportée à travers tout l'empire, où seul le froid a imposé sa limitation.

▲ Les arbres âgés de plusieurs siècles sont courants chez les oliviers tel ce vénérable sujet crédité de près de 800 ans !

Depuis, sa culture a trouvé ses frontières climatiques et seuls les critères économiques ont influencé les soubresauts de la production méditerranéenne. Sa culture, longtemps restée extensive, s'est retranchée dans les pays où le coût de la main d'œuvre était compatible avec un débouché économique. Actuellement les efforts de qualité, liés à la rationalisation des vergers et une habile communication donnent un souffle nouveau à l'olivier et à son huile, renaissance largement méritée.

L'OLIVIER EN POT

Ils sont vraiment craquants ces petits oliviers en pot. Vous les voyez déjà sur votre terrasse. Et avouez que vous avez envie de succomber pour un arbre déjà bien formé, avec un tronc qui en est un, et trois belles branches principales pour lui donner de l'ampleur. Quelle allure ! Mais voilà, entre toutes ces tailles, ces formes et ces présentations, il faut choisir la bonne plante.

Rassurez-vous, pour une fois vous allez laisser parler vos petits caprices l'esprit tranquille, car le choix d'un olivier est tout ce qu'il y a de plus simple. L'intention de la culture en pot est de maintenir l'arbre au meilleur de son aspect décoratif, sans souci de production fruitière, bien entendu. Bien sûr, votre arbre portera des fruits, ils participent aussi à la note exotique de l'arbre : que serait un olivier sans olives ? Mais peu importe la variété choisie, un souci de moins.

Votre seule attention portera sur la croissance des rameaux. Les tiges herbacées de l'année poussent aussi rapidement que celles de n'importe quel arbuste. En revanche celle du tronc, et la production de bois, sont d'une lenteur exaspérante. Pour une fois faites preuve d'impatience, et achetez un arbre dans sa taille et son allure quasi-définitive.

Les maladies sont négligeables et les quelques parasites très facilement maîtrisés. Si l'olivier a traversé les siècles attaché au symbole de la sagesse, et de la sérénité qui l'accompagne, nul doute qu'il incarne aussi celle des jardiniers des terrasses et balcons.

Rares sont les plantes à réclamer si peu et donner autant.

▲ l'olivier est assez à son aise dans un petit contenant.

▲ Pensez à varier les formes de plantes et des belles poteries.

◄ Achetez une plante bien équilibrée et fournie, surtout pour un petit sujet.

LES BONS RÉFLEXES D'ACHAT

Vous l'avez vu, il vous a plu. Vous hésitez peut-être à le mettre dans votre chariot. On n'achète pas un olivier comme une simple potée fleurie qui risque de terminer dans la boîte à ordures au bout de quelques mois. Votre sagesse vous honore, mais votre prudence, pour une fois, est superflue : avec l'olivier les mauvaises surprises sont inexistantes.

LA PRODUCTION DES OLIVIERS

Certains pépiniéristes du sud de la France sont spécialisés dans la multiplication des oliviers.
La mise à fruit d'un jeune plant issu de semis réclame plusieurs années, c'est pourquoi ils sont produits par bouturage.
Par ailleurs, il existe un phénomène de juvénilité chez ce fruitier. Les rejets nés de la base et portés par la souche restent juvéniles et leur mise à fruit est différée de cinq ou six ans, alors que les boutures prélevées sur les rameaux de l'année de la couronne porteront des olives dès l'année suivante. Signalons que les pépiniéristes oléicoles ne font pas de distinction entre la production destinée à la plantation de vergers et celle tournée vers l'ornement.
Mais la lenteur de la croissance de l'olivier est un frein à la fourniture de sujets de taille moyenne, c'est pourquoi il existe un marché de récupération d'arbres. C'est encore plus vrai pour les gros oliviers, de quelques dizaines d'années à plus d'un siècle, pour lesquels c'est la seule méthode d'approvisionnement.

D'OÙ VIENNENT-T-ILS ?

Les petites plantes viennent indifféremment de France, d'Italie ou d'Espagne. Ponctuellement de Grèce ou de Turquie.
Les productions françaises sont souvent élevées dans du terreau, comme celle d'Italie du Nord, mais celles d'Espagne et d'Italie du Sud dans une terre lourde et compacte. Aucune différence au moment de l'achat, mais à prendre en compte par la suite, au moment du rempotage.

L'offre en jardinerie est très large, du plus petit sujet à l'arbre vénérable.

Origine
Les arbres âgés de quelques dizaines d'années, et les gros oliviers (on parle de sujets caractérisés) viennent pour beaucoup d'Espagne. Certains sont arrachés à leur terre natale sous la pression immobilière grandissante, d'autres pour être remplacés dans les vergers modernes par des variétés actuelles. Enfin l'approvisionnement en très vieux sujets relève quelquefois du simple pillage des campagnes. À méditer …

OÙ LES ACHETER ?

Il est plus important de vous poser la question « que faut-il acheter ? », à laquelle nous répondrons au fil de ce livre.

Dans la mesure où un olivier est increvable, vous pouvez acheter les yeux fermés, disons entrouverts pour choisir celui qui vous plaît. Faites vos achats dans les jardineries, bien sûr, mais aussi chez les pépiniéristes généralistes qui ne produisent pas les oliviers mais qui peuvent les élever pendant quelques années pour les former, ainsi que chez les pépiniéristes oléicoles, mais ce ne sont pas les mieux fournis pour l'ornement. Pour des sujets élevés en bac ou en gros conteneur, vous pouvez vous adresser à un pépiniériste-paysagiste qui assure la mise en place et le rempotage dans un contenant de votre choix.

CHOISIR SON OLIVIER

▲ Si votre choix se porte sur une petite plante choisissez un olivier déjà bien ramifié.

C'est décidé, vous avez bien envie d'un olivier. Toutefois, voici quelques précisions qui vous permettront d'y voir clair, même si vous achetez les yeux fermés ! L'olivier est arbre de contradiction.

LES PETITS OLIVIERS

Un petit olivier proposé en conteneur de 3 litres (soit un diamètre du pot de 18 cm) à 7 litres (soit un diamètre du pot de 25 cm) est peu décoratif au moins sous sa forme courante.

Il se présente tuteuré et attaché par plusieurs agrafes, mais lorsqu'on le détache, patatras, il apparaît sous sa forme naturelle : trois rameaux souples et retombants qui ne forment pas de couronne dense ! Rien à redire, toutefois, c'est son port habituel. De plus ce petit arbre a été produit pour la plantation au verger, et les trois rameaux préfigurent ses trois solides charpentières.

Une seule variété se distingue du lot de toutes les autres. Elle pousse naturellement en se ramifiant, sans aucune intervention, et servait autrefois à dresser des haies, en Italie. L'œil averti la reconnaît immédiatement, mais contentez-vous de lire les étiquettes. Vous la trouverez indifféremment appelée *Olea europea* 'Frangivento', son vrai nom, 'Cipressino' un synonyme, ou 'Pyramidalis', plus commercial mais aussi plus explicite. C'est souvent la plus proposée dans les grandes jardineries, venue en droite ligne de Toscane, en petits sujets de 80 cm de hauteur, jusqu'à de magnifiques touffes de plus de 2 mètres.

LES SUJETS MOYENS

On peut considérer qu'un olivier est de taille moyenne lorsqu'il est proposé en conteneur de 30 litres, pour les plus petits, jusqu'à des contenants

de 85 litres, c'est à dire un peu plus grand qu'une poubelle domestique. Pour faire simple, il s'agit de plantes que vous pouvez aisément emporter avec l'aide d'une personne, dans votre voiture si elle est spacieuse ou équipée éventuellement d'une petite remorque.

Son rempotage relève encore du jardinage, pas encore du chantier. Ces tailles permettent déjà d'avoir accès à toute la palette de formes qu'offrent les oliviers de pleine terre, en tige ou en touffe, formé à l'italienne, à la toscane, à l'espagnole, à la provençale, … (voir p. 30), et également à toutes les fantaisies.

▲ Seule la variété 'Frangivento' offre la caractéristique d'une ramification importante même chez les petits sujets.

LES GROS SUJETS

Au-delà, vous entrez dans la gamme des gros sujets, les mêmes que vous avez pu admirer dans les oliveraies du sud de la France. Ils sont imposants par leur taille et par leur poids. Attention à prendre ce dernier point en considération, si vous êtes l'heureux propriétaire d'une terrasse située au dernier étage d'un immeuble. Dans cette catégorie figurent les arbres cinquantenaires, centenaires ou pluri-centenaires, car l'olivier a cette extraordinaire faculté de vivre dans un volume de terre limité.

PLANTES RAMIFIÉES

Préférez les sujets de même hauteur, et bien ramifiés, ça se trouve facilement. En général, ils sont tuteurés, mais leur nombreuses ramifications sont libres de toute attache et vous verrez d'un simple coup d'œil que la plante est toute autre. Elle provient des mêmes variétés, mais elle a été régulièrement taillée pour étoffer sa couronne.

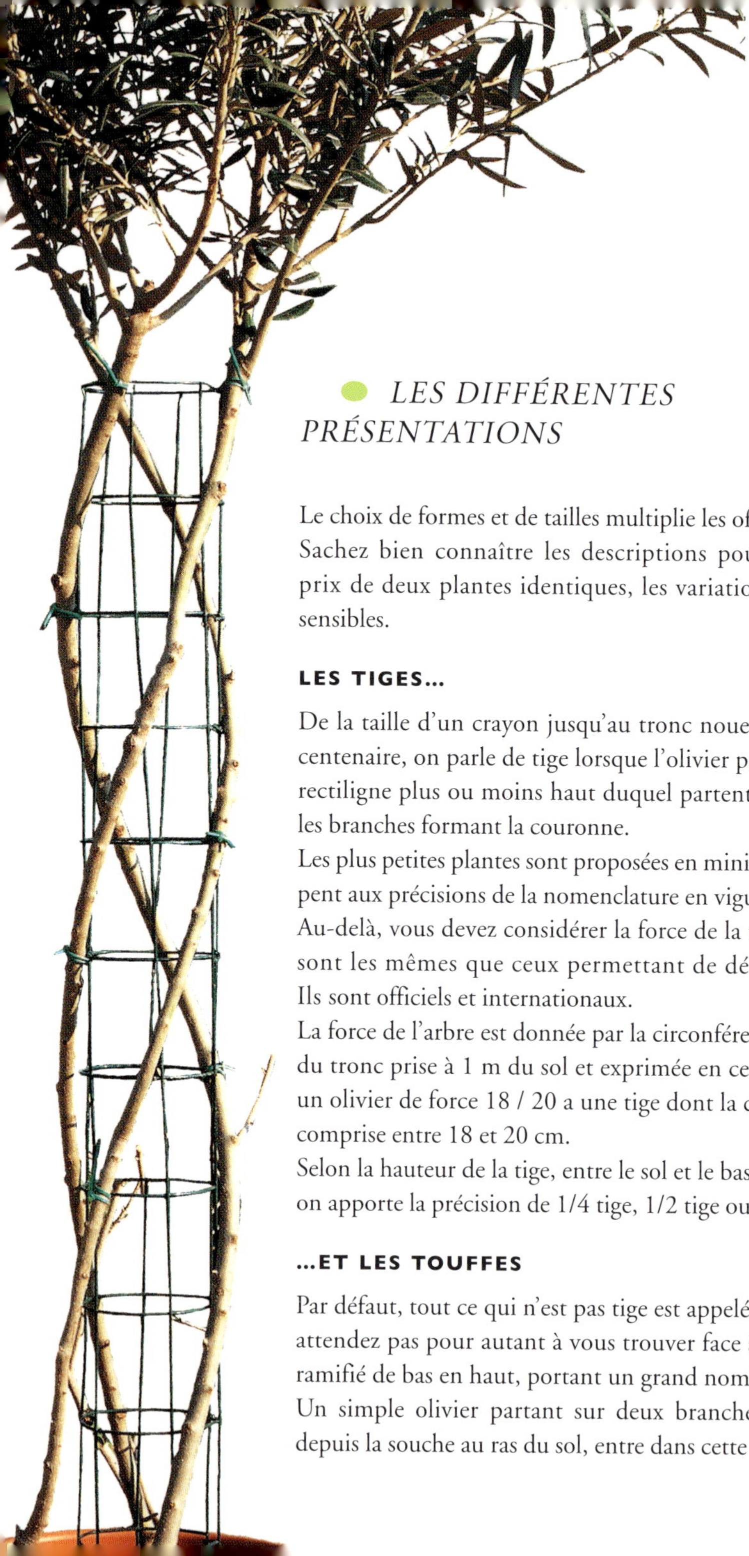

LES DIFFÉRENTES PRÉSENTATIONS

Le choix de formes et de tailles multiplie les offres et les envies. Sachez bien connaître les descriptions pour comparer les prix de deux plantes identiques, les variations peuvent être sensibles.

LES TIGES...

De la taille d'un crayon jusqu'au tronc noueux du vénérable centenaire, on parle de tige lorsque l'olivier présente un tronc rectiligne plus ou moins haut duquel partent les rameaux ou les branches formant la couronne.
Les plus petites plantes sont proposées en mini-tiges qui échappent aux précisions de la nomenclature en vigueur.
Au-delà, vous devez considérer la force de la tige. Les critères sont les mêmes que ceux permettant de décrire les arbres. Ils sont officiels et internationaux.
La force de l'arbre est donnée par la circonférence de la tige ou du tronc prise à 1 m du sol et exprimée en centimètres. Ainsi un olivier de force 18 / 20 a une tige dont la circonférence est comprise entre 18 et 20 cm.
Selon la hauteur de la tige, entre le sol et le bas de la couronne, on apporte la précision de 1/4 tige, 1/2 tige ou tige.

...ET LES TOUFFES

Par défaut, tout ce qui n'est pas tige est appelé touffe. Ne vous attendez pas pour autant à vous trouver face à un bel arbuste ramifié de bas en haut, portant un grand nombre de rameaux. Un simple olivier partant sur deux branches charpentières depuis la souche au ras du sol, entre dans cette catégorie.

Osez le cliché jusqu'au bout en choisissant une poterie vernissée typique du grand Sud.

De curieuses touffes

Un bel olivier déjà bien formé pousse sur trois branches maîtresses (charpentières) dirigées de manière homogène dans trois directions opposées. Mais on peut aussi trouver des arbres âgés de plusieurs dizaines d'années limités à deux charpentières qui partent de la souche et qui s'inscrivent dans un même plan. Ces plantes méritent une attention particulière: positionnés contre un mur ces oliviers qui croissent en largeur permettent de gagner de la place sur une petite terrasse.

LES CONTENANTS

La faculté de l'olivier à vivre dans un petit volume de terre est largement mise à profit par les producteurs et les revendeurs, et il n'y a rien de choquant. Des contenants plus petits, c'est moins de place pour le stockage et surtout moins de poids pour le transport.
Aussi, vous pourrez penser que votre olivier est un peu à l'étroit dans son pot d'origine. Ce n'est qu'une impression, mais vous devrez de toutes manières le rempoter pour d'autres raisons.

TOUTES LES FANTAISIES SONT PERMISES

L'olivier est un matériel végétal malléable qui se prête à toutes les originalités. Les puristes voient une dérive dans la multiplication des fantaisies bien éloignée de la préoccupation fruitière. Sans compter que beaucoup les considèrent comme des crimes de lèse-majesté pour cet arbre si vénéré. Qu'importe, laissez taire les orthodoxies horticoles et faites-vous plaisir avec toutes ces curiosités.

Les jeunes oliviers sont ainsi proposés avec une couronne en boule dense, portée sur une tige plus ou moins forte et haute. Vous les trouverez aussi en pompons, formés à la manière des conifères japonais, chaque tige portant une couronne taillée en sphère plus ou moins aplatie. Plus encore que les jeunes rameaux, le très vieux bois offre des possibilités. En effet un tronçonnage à n'importe quel niveau des grosses branches provoque au printemps suivant la naissance de touffes de nombreux rameaux qu'il suffit de travailler dans le sens désirés.

▲ Une couronne bien dense donne tout son équilibre à un petit arbre.

C'est ainsi que sont fabriqués les topiaires simples, en boule, sur un tronc court en général. Il suffit d'exalter le port pyramidal de la variété 'Frangivento' pour le transformer en cône en quelques opérations de taille répétées. Chez vous, il suffira d'entretenir la forme en suivant les lignes déjà formées. La souplesse des rameaux est mise à profit pour cultiver de jeunes oliviers en jardinières, palissés sur de petits treillis de 1 m à 1,25 m. Cette présentation, plutôt réservée aux plantes grimpantes en général, est en fait une adaptation d'une pratique culturale tout à fait traditionnelle en Italie, où les agrumes, notamment, ont été proposés ainsi de longue date. Une incontestable touche d'originalité.

L'olivier se prête aussi aux formes topiaires simples.

Une simple bouture de 2 ans taillée régulièrement ressemble déjà à un olivier.

LE REMPOTAGE

Les petits oliviers sont faciles à cultiver en pot, et les très gros sujets également, grâce à un système racinaire particulier à l'olivier. C'est le seul arbre à vivre durablement dans ces conditions de culture.

La plante est constituée d'une souche plus ou moins large sur laquelle pousse la tige principale, puis plus tard les nombreux rejets. Sous terre, elle porte ne nombreuses petites racines qui se développent superficiellement. Ici pas de racine pivot ni de ramifications importantes.

Cette jarre d'inspiration provençale était parfaite mais sa forme en amphore est une complication au moment du rempotage. Préférez les poteries droites ou légèrement évasées.

LE CHOIX DES POTERIES

Le choix des contenants est principalement guidé par des critères esthétiques. En effet, l'olivier et plus encore sa motte sont suffisamment lourds pour assurer une bonne stabilité. Sauf peut-être pour certaines formes en tige haute (1,75 m sous-tête) lorsque les plantes sont de petite force (10/12 à 18/20). Le poids de la couronne peut alors entraîner un déséquilibre chez des sujets soumis au vent.

L'esthétique s'accommode de petits contenants, mais pour un bon rendu visuel, il est conseillé d'utiliser un pot dont le diamètre est égal au 2/3 de celui de la couronne. La forme est laissée au libre choix, osez les lignes et les matériaux modernes en rupture avec l'aura traditionnelle de la plante. Evitez les petits pièges. Préférez les formes droites ou légèrement évasées, en vue des rempotages à venir.

Pour rempoter l'olivier élevé dans cette petite jarre, pas d'autre solution que de la casser !

Un petit olivier peut rester 3 ans dans son pot. Vous pouvez rallonger ce délai en choisissant un contenant un peu surdi-

Attention lors du griffage à ne pas trop endommager les racines superficielles.

mensionné, tout en conservant un équilibre entre la taille de la plante et celle de la poterie. L'autre moyen de différer les rempotages est de procéder en tout début du printemps à un surfaçage. A l'aide d'une griffe à main, griffer délicatement la surface de la terre, en prenant soin de léser le moins possible les racines superficielles. Otez la vieille terre sur 4 à 5 cm au moins Remplacez-la par du terreau tout neuf.

LE TERREAU IDÉAL : LE QUATRE-QUART PROVENÇAL.

Oubliez que l'olivier pousse dans les sols pauvres, secs et caillouteux et ne lésinez pas sur la qualité du terreau pour la culture en pot. Le terreau idéal doit être léger, pour favoriser la production de nombreux radicelles, très nourrissant pour compenser le faible volume, retenir raisonnablement l'eau tout en évitant son accumulation. Selon les régions, et surtout la chaleur et l'ensoleillement qui accentue l'évaporation de l'eau, les supports de culture peuvent différer, mais leur composition doit s'inspirer de la règle des 4 quarts : 1/4 de terreau de rempotage, 1/4 de terre de jardin, 1/4 de matière organique bien décomposée (compost, humus, fumier, …) et 1/4 d'éléments drainant (sable de rivière, gravier, billes d'argile, …).

OLIVIERS ELEVÉS EN TERRE ARGILEUSE

Certains petits oliviers en arrivage d'Espagne ou d'Italie du Sud sont cultivés dans une terre lourde et collante. Le seul fait de soupeser le pot vous renseignera sans aucun doute. Au moment du rempotage, griffer tout le tour de la motte à l'aide d'une petite griffe à main, pour stimuler la formation de nouvelles racines.

Arrosez franchement, mais laissez la terre se ressuyer complètement et videz l'excès d'eau de la soucoupe. Laissez la terre sécher légèrement entre deux arrosages.

L'ARROSAGE

Le seul ennemi de l'olivier, en matière culturale, est l'excès ou pire l'accumulation d'eau. Elle entraîne l'asphyxie racinaire qui se traduit par le jaunissement puis la chute des feuilles, et favorise le développement des pourritures. Mais il faut quand même arroser régulièrement les oliviers en pot, de mars-avril à septembre, de façon à conserver une terre à peine fraîche. Si vous partez en vacances, votre olivier supportera facilement une absence d'arrosage pendant une quinzaine de jours ou plus.

TROP D'EAU, MON OLIVIER ?

Vérifiez l'humidité de la terre ou du terreau qui doivent être frais mais sans plus. Un bon indicateur est la forme des feuilles. Elles doivent être parfaitement planes en permanence. En cas d'excès d'eau, leurs bords s'enroulent vers l'extérieur. Il est grand temps de passer au régime sec. Quelques feuilles sont tombées au sol ? pas de panique, l'olivier est un arbre à feuillage persistant, mais renouvelle ses feuilles qui ont une durée de vie de 3 ans.

LES BONS RÉFLEXES

- Lors du rempotage, vérifiez que le fond du pot est bien percé, sinon faites sauter les opercules de terre cuite.
- Disposez une bonne couche de billes d'argile (5 cm pour un pot de 30 cm de diamètre)
- Après chaque arrosage, éliminez l'excès d'eau de la soucoupe.
- En aucun cas vous ne devez le rempoter dans un bac à réserve d'eau.
- Les meilleurs contenants sont ceux en terre cuite qui laisse « respirer » la motte de terre et régule la teneur en eau.

MALADIES ET PARASITES DES OLIVIERS EN POT

Le chapitre sur les maladies, les parasites et leurs traitement est développé en détail dans la seconde partie du livre, page 50 et suivantes. Nous n'évoquerons ci-dessous que les problèmes les plus fréquents sur les oliviers en pot, assez peu nombreux. En outre, en pot, les soins à prodiguer pour s'en prémunir ou les éradiquer sont simples. Comme il s'agit de culture ornementale détachée de contrainte de production, la tâche s'en trouve simplifiée.

▲ Cochenilles et Fumagine

Les cochenilles

Fréquents sur les oliviers en pot, ces insectes piqueurs et suceurs peuvent affaiblir la plante si vous les laissez pulluler. Sur les petits arbres en pot il suffit de de les éliminer d'un coup d'ongle dès le mois de mars jusqu'en septembre.
Si vous vous laissez déborder : voir traitements page 50.

▲ Mouche de l'olivier

La fumagine

Ce mince dépôt noir est la conséquence de la présence de cochenilles. En traitant les secondes vous éliminez la première. Voir page 48.

La mouche de l'olivier

Cette petite mouche est un véritable fléau pour la production fruitière dans le Midi. Inesthétique, mais, ce n'est pas vraiment un problème pour l'ornement, même si elle fait chuter quelques fruits. Voir page 52.

▲ Œil de paon

L'œil de paon

Les petite tâches caractéristiques causées par ce champignon sont peu esthétiques mais relativement discrète. Mais s'il prend de l'importance il entraîne la chute des feuilles. Si vous devez traiter, à la bouillie bordelaise, prenez garde sur une terrasse à la protéger d'une bâche ou de vieux journaux !
Voir page 48.

Les tailles légères et régulières sont indispensables pour conserver leur allure décorative aux oliviers en pot.

LA TAILLE

Chez l'olivier, la taille est indispensable pour une mise à fruits abondante. Elle l'est aussi pour l'ornement, surtout pour les plantes en pots, si on veut lui permettre de conserver une belle allure.
Devant la diversité de formes des oliviers décoratifs et des intentions des jardiniers, la taille d'entretien prend des chemins variés. Pour simplifier, nous pouvons dire que dans un cas elle vise à exalter la production de nombreuses ramifications, pour donner de la densité à la végétation, dans un second cas elle tend à donner à l'arbre sa forme habituelle en plein champ. La première méthode concerne les topiaires et les sujets de petites taille et force, la seconde les arbres déjà adultes cultivés en bac ou en grosses poteries.

LES TOPIAIRES SIMPLES

En sphère, en pompons ou en pyramide, l'esthétique commande d'entretenir une couronne très ramifiée et dense. Ignorez le problème de production de fruits et procédez à des pinçages ou des tailles régulières et aussi nombreuses que possible durant la période de croissance, entre mars et septembre. À l'aide d'un sécateur ou d'une cisaille à main, supprimez toutes les extrémités sitôt qu'elles dépassent 5 à 10 cm, exactement à la manière dont vous tailleriez un buis.
Les interventions régulières vous permettront de suivre facilement la forme initiale donnée par le pépiniériste. Si vous laissez filer les rameaux pendant toute une année, il vous sera plus compliqué de reformer une sphère parfaite.

TAILLE DES TOPIAIRES SIMPLES

TAILLE DES PETITS OLIVIERS

Supprimez 1/4 à 1/3 des pousses une fois par an.

LES PETITS OLIVIERS

La couronne des petits oliviers en boule est similaire à celle des topiaires, sa taille également.

En revanche, la végétation des petits oliviers en touffe ou en forme libre réclame un peu moins de densité. Vous devez voir le jour à travers les rameaux.

Laissez d'avantage pousser, car l'arbre a besoin de gagner de la hauteur et de l'amplitude, et faites seulement une taille par an, éventuellement complétée par un ou deux pinçages.

- Dans de bonnes conditions, les rameaux poussent de 30 cm par an. Supprimez 1/4 à 1/3 de leur longueur, en automne.
- Aérez le centre de la plante en supprimant toutes les ramilles, le bois mort, et les pousses qui se croisent. Laissez seulement un départ vertical au centre de la plante.
- Au printemps pincez en ôtant 10 cm des extrémités si besoin.

LES GROS SUJETS

La taille appliquée est celle des oliviers cultivés en pleine terre. Vous devez vous préoccuper

- D'intervenir à la bonne la période : une taille tardive supprimerait les fleurs, donc les fruits,
- De supprimer les rameaux ayant donné des fruits : ils n'en porteront plus,
- D'encourager l'arcure naturelle des branches : pour avoir plus de fruits et une végétation claire et harmonieuse.

Pour le détail de la pratique voir la deuxième partie du livre page 42 et suivantes.

Les bonsaïs

La taille est celle de tout bonsaï d'extérieur. Pendant la période de croissance, réduisez les pousses dès qu'elles ont 4 à 6 feuilles, à l'aide d'un ciseau à tailler.

▲ Les oliviers en pleine terre résistent à des gels de -10 à -15° C, mais sont plus sensibles en pot.

L'OLIVIER EN POT ET LE FROID

La culture en pot est le meilleur moyen, et quelquefois le seul, de cultiver un olivier bien en dehors de sa zone de culture traditionnelle. Seul impératif à prendre en considération, son manque de résistance au froid. Avant de vous lancer dans un achat, pensez au problème de l'hivernage, encore plus aigu pour les gros sujets. L'olivier résiste à des températures négatives de - 10 à - 15 °C. Cependant, la résistance des plantes élevées en pot doit être revue à la baisse, tout simplement parce que les racines sont plus exposées : le froid agissant directement sur les parois des contenants. On peut raisonnablement diminuer le seuil de résistance de 5 °C, exception faite de la zone de l'olivier (voir plus bas). Pour simplifier, nous pouvons résumer les situations à quatre cas de figure.

La zone de l'olivier.

Dans sa zone de culture, les froids, même importants, sont rarement durables. Ils sont relevés en fin de nuit, et presque toujours suivis d'un réchauffement dans la journée. On peut considérer que la rusticité de l'olivier en pot est comparable à

L'hivernage

Vous pourrez donc cultiver un olivier en pot partout en France, à condition de pouvoir l'hiverner dans de bonnes conditions.
Quelle que soit la région, sachez que les centres-ville sont plus abrités et plus chauds que les périphéries ou les campagnes.

celle des sujets en pleine terre. Dans ce cas, la culture en pot peut s'envisager sans précaution particulière.

Les autres zones littorales

Il s'agit du littoral de l'ouest de la France, depuis les Pyrénées Atlantiques jusqu'aux Côtes d'Armor. Sur une frange de quelques kilomètres à l'intérieur des terres des protections légères sont suffisantes.

Les zones continentales

A l'intérieur des terres, en Anjou, en Touraine, en Dordogne, par exemple, mais aussi en région parisienne et Bretagne, etc... selon les expositions, les protections légères sont insuffisantes et doivent être complétées par un hivernage à l'abri.

Les zones froides

Dans le nord et l'est de la France, les zones montagneuses, le Centre, ... l'hivernage à l'abri est indispensable.

Un voile de protection en matière non tissée assure une bonne protection. Faites trois tours complets pour emmailloter la plante, sans oublier de recouvrir le pot, évidemment..

L'HIVERNAGE

Il doit se faire à une température comprise entre quelques degrés (5 à 8 °C) et tolère des températures négatives jusqu'à - 5°C la nuit, suivi de valeurs positives le jour.

Une véranda non chauffée, une resserre ou un garage est suffisant, si possible équipé d'une source de lumière naturelle.

LES PROTECTIONS LÉGÈRES

Un voile de protection en matière non tissée assure une bonne protection. Faites trois tours complets pour emmailloter la plante, sans oublier de recouvrir le pot, évidemment.

Les films plastique à bulle sont aussi efficaces mais offrent beaucoup moins d'aération.

Dans les régions froides, ces deux dispositifs peuvent être complétés en ajoutant un manchon de paille bien sèche et propre entre le film protecteur et l'arbre.

L'OLIVIER AU JARDIN

Planter un arbre de belles dimensions : sans réserve si vous habitez dans la zone de l'olivier, ailleurs, faites preuve de circonspection voire de renoncement.

Un bel olivier dans un jardin ça vous a un côté meuble de campagne déniché chez un brocanteur. Il allie la robustesse à la simplicité et confère un cachet immédiat au décor. On comprend que la tentation est bien grande de passer à l'achat d'un sujet bien charpenté.

Et puis, il donnera sa petite production de fruits, de quoi faire peut-être deux ou trois bouteilles d'huile vierge ou quelques bocaux d'olives confites.

Votre intention ici est encore de vous consacrer à l'ornement, tout en escomptant, éventuellement une petite récolte un peu folklorique mais sympathique, pourvu que les contraintes soient réduites au minimum.

Le choix de la variété n'est pas capital, réservez votre attention sur la forme et la force de l'arbre, sur son transport et sa plantation et sur le budget de l'opération.

Le bien-fondé de la plantation d'un olivier en dehors de sa zone de culture habituelle est la question primordiale à vous poser. Depuis quelques années, on voit des sujets, quelquefois imposants, loin de leur grand sud natal, dans des régions où ils n'ont rien à y faire.

L'avenir de telles plantations est incertain, car ces arbres peuvent donner le change en vivant plusieurs années sur leurs réserves avant de commencer à dépérir.

Si toutefois vous avez l'âme d'un jardinier intrépide, plantez plutôt un arbre jeune qui aura le temps de s'acclimater.

LES PRINCIPALES FORMES TRADITIONNELLES

L'olivier joue quelquefois l'air du grand bluff. Si vous achetez un tel arbre pour la première fois, vous serez sans doute séduit par son port général, sa hauteur et son amplitude. Regardez à deux fois pour reconnaître les bons candidats.
La ramure de l'olivier pousse rapidement, et souvent en touffes fournies surtout en réaction après une coupe sévère dans du gros bois. Aussi, vous pouvez être tenté par un sujet volumineux et « tout en feuilles ». Mais la qualité ornementale d'un olivier et son prix sont justifiés par son bois et sa charpente générale.
La forme de l'olivier est affaire de goût personnel, mais vous devez prendre en compte quelques critères pour jauger la plante : la hauteur du tronc, ou son absence, le nombre de branches charpentières et leur orientation homogène dans l'espace et la forme qu'elles donnent à la couronne, et enfin la hauteur et la forme de la ramure. Il n'existe aucune règle en vigueur mais l'allure générale de l'arbre doit dégager un sentiment d'équilibre.

Traditions locales
La culture de l'olivier répond à des pratiques souvent localisées, dont la taille n'est pas la moindre. Aussi, les formes des arbres proposés sont directement héritées des différents types de culture, c'est encore plus vrai pour les formes en touffe et d'autant plus juste pour les gros sujets directement arrachés dans les oliveraies.

LES FORMES

Pour des arbres d'âge équivalent, vous aurez le choix entre deux types d'architecture de plante, en tige et en touffe.
Pour être remarquable, un arbre en tige doit avoir une force d'au moins 25/30, pour les plus jeunes, et peut dépasser 120/130 pour les vieux arbres.
Le tronc peut être court et trapu de 80 cm à 1 m, ou plus haut, jusqu'à 1,50 m.
Les charpentières doivent être au nombre de 3 au moins et jusqu'à 5 pour les petits arbres et orientées dans 3 (ou 5) directions opposées. Chacune peut porter deux grosses ramifications et donner encore plus de générosité à la charpente.

◀ Tunisien en candélabre. Un tronc bas, une couronne très aérée : tout pour faciliter la production et la récolte.

▼ Espagnol sur deux troncs. Cette forme privilégie la croissance de l'arbre dans un plan : utile pour adosser l'olivier à proximité d'un mur.

▶ Algérien en gobelet. La végétation fournie donne de la densité particulièrement aux jeunes arbres.

▶ Italien (toscan) polyconique
La taille toscane révèle une grande maîtrise. Elle est soucieuse de la production autant que de l'ornement.

OÙ ACHETER ?

Tous les points de vente de végétaux proposent des oliviers de taille respectable. Votre choix fait sur les critères esthétiques, vous vous questionnez sur la reprise après la plantation. De ce point de vue, les plantes sont toutes de qualité identique et vous pouvez acheter indifféremment dans une jardinerie ou chez un pépiniériste.

Deux petites précisions toutefois. Si vous penchez pour une variété bien identifiée, adressez-vous à un pépiniériste si possible oléicole. C'est la seule certitude sur son identité.

Partout ailleurs, les origines sont incertaines, vous pourrez le constater au manque flagrant d'étiquetage, du plus petit olivier à l'arbre le plus majestueux.

Par ailleurs et bien que la transplantation des oliviers est pratiquement assurée, adressez-vous à un pépiniériste pour les très gros sujets. Certains prennent la précaution de les transplanter une ou deus fois pour améliorer leur enracinement.

Les plus modestes des gros sujets sont élevés en conteneur de 130 litres. Vous pouvez les transporter et les planter avec l'aide d'une personne de bonne volonté. Au-delà, la plantation relève du chantier. Vous avez intérêt à acheter un arbre chez un pépiniériste qui assure la plantation et propose la garantie de reprise, et à négocier le tout. Sans exagération, c'est tout de même du travail !

DE BIENS JEUNES CENTENAIRES

L'olivier pousse lentement et a tendance à prendre de l'âge, plus rapidement que sa physiologie lui permet, dans les catalogues et les propos de certains pépiniéristes. Il faut dire, pour excuser cet excès d'optimisme qu'il est peu facile de l'estimer. Aussi des arbres cinquantenaires se trouvent fréquemment élevés au rang de centenaires, et ces derniers semblent traverser plusieurs siècles. Peu importe. Lors de votre achat voyez si le rapport taille/qualité/allure correspond à votre budget.

Les as de la tronçonneuse

Beaucoup d'oliviers sont allègrement tronçonnés au niveau des charpentières. Cette pratique très sévère peut rentrer dans le cadre d'une taille de régénération indispensable pour certains vieux arbres. Plus fréquemment, il s'agit de gagner de la place dans les camions de livraison en provenance de l'étranger. Pas de panique, la végétation repart toujours. Veillez, cependant, à éviter certaines exagérations qui dénaturent l'arbre pour de nombreuses années.

LE CHOIX DU TERRAIN

L'olivier diffère des autres arbres par son architecture. La connaître permet de comprendre la nature de sol la plus appropriée à ce fruitier.

L'OLIVIER A DES RACINES EN SURFACE

En prenant de l'âge, l'olivier produit à sa base une large souche de laquelle partent les racines. Elles sont peu nombreuses et peu vigoureuses, (dépassant rarement la dizaine de centimètres de diamètre chez les vieux sujets) et peuvent se développer en profondeur pour aller en quête de l'eau. En revanche, elle porte aussi des milliers de radicelles et de petites racines qui alimentent la souche en réserves nutritives et alimente l'arbre. L'olivier est donc un arbre superficiel, sur le plan nutritif.

Toute l'attention se portera sur une faible profondeur de terre aussi bien du point de vue de la structure du sol que sur celui de ses capacités nutritives. Par ailleurs l'olivier déteste les excès d'eau, dans l'air comme dans le sol où ils provoquent l'asphyxie racinaire. Il faut donc éviter les sols argileux, lourds et hydromorphes, autrement dit collants et malléables. Leur compacité est aussi accrue par le piétinement lors de la récolte. En outre, son décompactage au pied de l'arbre s'accompagne de lésions aux radicelles. Les sols trop sableux laissent filer l'eau. C'est plutôt une bonne chose en général, mais en cas de sécheresse printanière ou estivale la production de fruits peut être compromise. L'olivier s'accommode de la présence de nombreux cailloux dans le sol. Cependant elle révèle souvent une faible épaisseur de terre et la présence de la roche mère à faible profondeur, dommageable pour le développement des racines principales.

▼ Toute la vigueur de l'olivier prend naissance sur la souche porteused'un grand nombre de racines et de rejets.

▲ Attention au mariage de l'olivier et du gazon. Il se conçoit sur un terrain bien drainé ou pour un gazon peu exigeant en eau.

PLANTATION

Les sols en pente du sud de la France voient leur partie superficielle emportée par les fortes pluies. C'est aussi pour cela que les oliviers ont toujours été cultivés sur terrasses. Si votre terrain est pentu, une large cuvette horizontale permet de retenir l'eau et les engrais organiques.

▶ La transplantation de ce gros sujet révèle bien l'architecture particulière de l'olivier qui pousse sur un « plateau » peu profond.

LA PLANTATION

> **La période**
> En conteneur ou en motte, vous pouvez planter l'olivier tout au long de l'année. Toutefois, évitez le plein été, car les arrosages doivent être alors très réguliers, et l'hiver, où les sols sont trempés.

Quelle que soit la taille de l'olivier, sa plantation doit obéir à certaines règles pour assurer sa pérennité. D'autant plus qu'il est en place pour de nombreuses générations, sauf si l'envie vous prend de le déménager car cet arbre se prête de bonne grâce à la transplantation.

LE DRAINAGE

En revanche l'hiver est la meilleure période pour observer votre terrain. À la faveur de plusieurs jours de pluie dépistez les zones où l'eau a tendance à s'accumuler, envisagez le drainage pour la canaliser, dénichez les pentes naturelles. On ne le répètera jamais assez : pas d'eau stagnante pour l'olivier.

LA PRÉPARATION DU SOL

- Ouvrez le trou de plantation, en prenant soin de réserver la couche superficielle de terre, c'est la plus fertile, rappelez-vous que l'olivier se nourrit principalement en surface.
- Décompactez soigneusement le sol en profondeur, jusqu'à un mètre pour les gros sujets.
- Plantez l'olivier en position surélevée par rapport au niveau du sol. D'abord parce que la terre va se tasser, ensuite pour le maintenir « hors-sol », loin de l'humidité de la terre.
- Formez une large cuvette qui vient à l'aplomb de la couronne pour contenir l'eau d'arrosage, mais aussi la fumure organique à venir, surtout dans les terrains en pente où elle est lessivée.

▲ Plutôt qu'un gazon, semez une prairie naturelle.

LES ENGRAIS ORGANIQUES

À la plantation, incorporez 1/4 de matière organique (fumier bien décomposé, compost, ...) à la terre d'extraction.

L'ARROSAGE

Durant toute la première année suivant la plantation, les arrosages sont nécessaires, au moins dans le Midi. Veillez à maintenir le sol tout juste frais, sans excès, et laissez bien ressuyer la terre entre deux passages. Sinon, dans la simple utilisation ornementale, l'olivier une fois installé réclame très peu d'eau. Reportez-vous à la page 62...

LE TUTEURAGE

Le maintient des gros arbres est assuré par leur poids qui compense largement leur faible enracinement. En revanche, les petits sujets, surtout ceux formés en tige, ont besoin d'un solide tuteurage pendant 3 à 4 ans. A positionner contre le vent, bien entendu.

PAS DE GAZON AU PIED

Ah qu'ils font bel effet ces beaux oliviers sur gazon. Mais l'herbe verte a besoin de beaucoup d'eau et l'olivier la fuit. Si vous insistez tout de même pour célébrer le mariage de la carpe et du lapin, rehaussez l'olivier sur un petit promontoire de 50 cm de terre au moins. Sinon, optez pour le semis d'une magnifique prairie fleuries d'espèces sauvages qui réclament peu d'arrosages, on trouve de tels mélanges de semences en jardineries.

LES RÉGIONS FAVORABLES À L'OLIVIER

Un olivier dans le Massif Central ? N'y pensez pas. Pas plus qu'en Alsace. En revanche, en respectant certaines règles, l'olivier ornemental peut s'aventurer hors de sa région. Osez son acclimatation en restant raisonnable.

L'OLIVIER ET LE FROID

Seuil de résistance
Retenez comme base de décision des gels qui ne doivent pas descendre en dessous de -10 à -12°C.

La résistance au froid des végétaux est toujours difficile à appréhender, car elle est sous la dépendance de plusieurs facteurs aggravants, (la durée, l'humidité, le vent, ...) ou atténuants, (les microclimats, l'exposition, ...). C'est aussi vrai pour l'olivier, chez qui les choses se compliquent un peu par la diversité d'approches du jardinier.
De manière générale, l'olivier est assez peu résistant au froid, et supporte des températures passagères de l'ordre de - 10 °C. Cependant, la rusticité des jeunes plants chute autour de - 6 °C. En revanche, les gros sujets encaissent des gels de - 15 °C, et certains sujets des Basses-Alpes sont repartis après des gels de - 25 °C ! Ce qui amène à poser la question des dégâts causés par le gel. En effet, la partie principale de l'arbre peut mourir, mais la souche donner des rejets promis à un bel avenir. Bien que sur le strict plan génétique il s'agit bien du même sujet, le jardinier, ou l'oléiculteur, voit bien mourir « son » arbre.
Les valeurs attachées à la rusticité de l'olivier et des ses variétés, (car toutes ne sont pas égales devant le froid), sont annoncées

LA ZONE DE L'OLIVIER

La zone de culture de l'olivier en France s'étend sur tout le littoral méditerranéen et s'enfonce à l'intérieur des terres, là où les froids sont supportables, et à faible altitude, un peu au-dessus de 400 m. Elle remonte dans la Vallée du Rhône au nord de Valence et concerne donc, de près ou de loin, 13 départements. Cette fameuse « zone de l'olivier » a trouvé une intéressante application dans l'estimation de la résistance de toutes les espèces ornementales méditerranéennes, à côté de celle de l'oranger.

sous l'angle de la production d'olives, ce qui concerne à moitié seulement l'ornement. Sous cet aspect, un petit coup de froid de - 8°C est négligeable pour un gros sujet, mais abîme les fruits situés à la périphérie de sa couronne.

Par ailleurs, un léger froid est quelquefois nécessaire à la production abondante de fleurs, donc de fruits, pour certaines variétés comme 'Tanche' cultivée dans la Drôme. En revanche, les gelées tardives de mars, période du grossissement des grappes de fleurs, peuvent être catastrophiques. Retenez donc la valeur de - 10 à - 12 °C comme base de décision.

LES FACTEURS AGGRAVANTS

Plus que le froid, l'olivier craint son association avec l'eau et l'humidité. Il déteste la pluie, se plaît dans les régions à faible pluviométrie (200 mm). Il craint les vents forts mais a besoin de brises pour sa pollinisation qui se fait exclusivement par ce biais. Enfin, il apprécie peu les embruns et le sel.

LES AUTRES RÉGIONS

En dehors de sa zone de prédilection, vous pourrez toutefois planter un olivier, au moins pour ses qualités ornementales :

- Partout où les gelées sont faibles et peu durables, suivies d'un réchauffement diurne.
- Dans tous les lieux protégés, pensez aux centre-villes toujours plus cléments
- Et dans toutes les zones où l'humidité ambiante est supportable.

Dans ces régions pensez toujours :

- Au parfait drainage du sol,
- À l'exposition la plus lumineuse possible,
- À la protection contre les courants d'air et les vents,
- À la protection contre le froid hivernal.

ZONES FAVORABLES AUX OLIVIERS

Culture en pleine terre pour la production fruitière.

Culture en pleine terre pour l'ornement avec bonnes possibilités de récoltes.

Culture en pleine terre pour l'ornement ou culture en pot éventuellement à protéger ou à rentrer en hiver.

Culture en pot seule possible avec pots à protéger ou à rentrer en hiver.

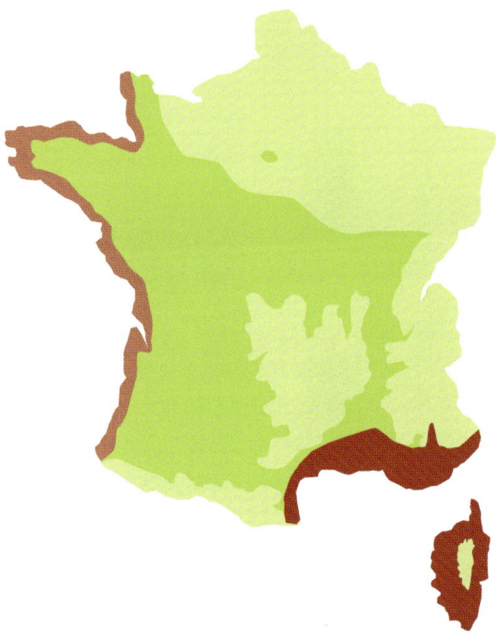

LA TAILLE DE FORMATION

COMMENT FAIRE ?

Pratiquement rien dans un premier temps. Vous devez attendre que l'olivier atteigne au moins 1,50 m. Contentez-vous de supprimer tous les fruits, pour que l'arbre se consacre à sa croissance et les jeunes branches basses, qui n'ont aucun avenir, pour former le futur tronc.
Deux à trois ans après la plantation, la taille de formation peut commencer, elle durera trois ans, et vise à former un arbre équilibré, à la couronne ouverte, porté par un tronc de 1 m, mais vous pouvez faire varier cette valeur.

Ce petit arbre est parti du bon pied dans sa longue vie d'olivier. Le résultat de la taille de formation est une plante parfaitement équilibrée, au cœur bien aéré.

Taille de formation d'un arbre en gobelet

1/ La première année

Vers le mois de mai, coupez la tige principale verticale à la hauteur désirée pour le futur tronc.
Dans la ramure désordonnée du jeune arbre, sélectionnez les futures charpentières, en conservant 4 à 6 départs que vous laisserez pousser.

2/ Au printemps de la deuxième année

Supprimez les nombreux gourmands engendrés par la taille de l'année précédente, et sélectionnez les 3 à 4 charpentières définitives, orientées de manière homogène dans l'espace et situées à des niveaux différents sur le tronc.
Raccourcissez-les à 30 ou 40 cm, supprimez tous les départs dirigés vers le bas et conservez tous ceux qui partent vers le haut : ils constitueront le deuxième étage de végétation.

3/ Au printemps de la troisième année

Supprimez tous les fruits lors de leur formation, recommencez l'opération en sélectionnant deux départs principaux par charpentière.
L'année suivante, votre olivier pourra enfin entrer en production.

LA TAILLE DE FRUCTIFICATION

Dans l'ordre :
- Ôtez le bois mort
- Ôtez tous les gourmands, qui poussent à la verticale.
- Procédez de l'intérieur de l'arbre vers l'extérieur pour éliminer les branches du centre
- Et de bas en haut pour supprimer les rameaux ayant fructifié.

Un olivier livré à lui-même fournit une grande quantité de fruits. Toutefois la taille de fructification annuelle permet d'obtenir des olives de calibre régulier et d'éviter l'alternance de production toujours très marquée chez ce fruitier. Accessoirement, elle facilite la récolte en maintenant des arbres aux rameaux accessibles.

La taille de fructification est la grande affaire de la culture de l'olivier. Pour une même variété elle varie beaucoup d'une région à l'autre, et les pratiques locales sont aussi nombreuses que les oliveraies. Enfin il existe autant de méthodes que d'oléïculteurs, tant les résultats sont directement liés à l'observation, à l'expérience et à la compétence de l'homme. Quelques préceptes simples permettent néanmoins d'adopter une méthode passe-partout pour un résultat satisfaisant.

DEUX OU 3 CHOSES À RETENIR

- Les fruits sont portés par les rameaux de l'année précédente, et un rameau ayant fructifié ne donnera plus de fruits.
- La taille vise à aérez la couronne.
- Taillez en tout début de printemps lorsque le risque de gelées est éloigné.
- Faites un second passage pour éliminer les gourmands (rameaux vigoureux) qui poussent à la verticale sur la souche, le tronc et les charpentières.

Appliquez alors une des deux méthodes de taille

La taille en gobelet : elle permet de créer une trouée au centre de la couronne et de donner de la lumière à l'intérieur de la ramure. En outre, son résultat est esthétique surtout pour les petits arbres trapus.

La taille en cascade : le poids des fruits fait ployer les rameaux fructifères. Cette arcure naturelle favorise l'émergence de pousses verticales dirigées vers le haut. Ce phénomène est courant chez les végétaux en général. L'année suivante, la nouvelle pousse porte des fruits et le phénomène s'entretient ainsi. Vous devez simplement supprimer les rameaux ayant fructifié.

Petit inconvénient, la périphérie de la couronne s'éloigne tous les ans un peu plus du tronc. Aussi tous les 3 ou 4 ans il faut faire une taille de rattrapage pour s'en rapprocher, au détriment de la récolte.

Gros avantage, cette méthode visuelle est facile à appréhender.

TAILLE EN CASCADE

LA TAILLE DE RÉGÉNÉRATION

Cette taille très sévère se pratique dans trois cas bien particuliers : la rénovation d'arbres ayant souffert du gel, le rajeunissement d'un vieux sujet dont la productivité baisse et la remise en production d'un olivier laissé à l'abandon depuis des dizaines d'années. Cette taille drastique, pratiquée à la tronçonneuse, vise à ramener l'arbre à son premier étage de végétation, en supprimant plusieurs étages de charpentières.

Cette éclaircie importante dans la couronne fait mal au cœur mais elle est nécessaire. Consolez-vous en vous disant que le bois d'olivier est le meilleur qui soit pour la cheminée.
L'année suivante, supprimez les nombreux gourmands nés de cette opération, et pratiquez la taille de formation comme pour un jeune arbre et patientez 4 à 5 ans pour renouer avec les bonnes récoltes.

TAILLE DE RÉGÉNÉRATION

- En cours d'été ou au printemps suivant, éliminez les gourmands excédentaires.

- Olivier rééquilibré prêt à être reformé.

LES MALADIES, LES PARASITES DE L'OLIVIER & LEURS TRAITEMENTS

La littérature nous apprend que l'olivier est soumis aux attaques de plus de 200 agents pathogènes. Pas de panique, s'ils se manifestaient ensemble, tous les oliviers auraient déjà disparu. Remisez ce « Dictionnaire Médical » et concentrez votre veille sanitaire sur les plus en vue. D'autant plus que de bonnes pratiques culturales sont souvent suffisantes à les limiter.

LES MALADIES

L'œil de paon

▲ Œil de paon

L'agent pathogène est un champignon (*Cycloconium oleaginum*) qui se développe sur les feuilles adultes et forme des taches brun foncé à pourtour jaune, en cercles concentriques, puis provoque une abondante chute des feuilles. Il se développe en automne et en hiver dans les régions à étés secs et hivers doux et au printemps et au début de l'été dans les régions à hivers plus froids. Les conditions favorables au développement du champignon sont représentées par 1-2 jours de forte humidité relative (proche saturation) et une large gamme de température (optimum de 18-21 C.).

- *Prévention :* les périodes de sécheresse et les étés chauds limitent son développement.
  Aérez la végétation par une taille et limitez l'humidité.
- *Traitement :* deux traitements à base de cuivre en automne et au printemps permettent de le contenir. Utilisez de la bouillie bordelaise utilisable en culture Bio.

La fumagine

Un dépôt noir sur les feuilles, semblable à de la suie, est causé par plusieurs souches de champignons (*Capnodium, Cladosporium*) qui poussent sur le miellat sucré excrété par certains insectes piqueurs, cochenille et cicadelle américaine chez l'olivier. Si ce dépôt est important, il agit comme un écran et perturbe fortement la photosynthèse.

▲ Fumagine

- *Prévention :* un traitement à la bouillie bordelaise au printemps renouvelé en automne permet de nettoyer l'olivier.
- *Traitement :* il s'applique sur les responsables, cochenilles et cicacelles (voir page suivante).

La verticilliose

Le dépérissement de l'olivier, son autre nom, est causé par une champignon, *Verticillium dahliae.* Les feuilles ternissent, s'enroulent sur leur face inférieure puis tombent. Souvent la maladie affecte une seule partie de l'arbre et s'accompagne, en réaction, d'un abondante production de rejets par la souche.

- *Prévention :* elle est capitale car il n'existe pas de traitement vraiment efficace. Le champignon est présent dans le sol et se transmet par les racines.Il faut donc éviter le travail de la terre pour ne pas blesser les racines. La maladie se manifeste souvent sur de jeunes arbres trop arrosés, trop engraissés et dont le sol est trop souvent travaillé. Limiter ses trois interventions culturales au strict minimum.
- *Traitement :* aucun traitement vraiment efficace.

▼ Verticilliose

Et aussi ...

Les oliviers en provenance d'Espagne peuvent véhiculer la bactérie responsable du **chancre bactérien** qui se traduit par des tumeurs sur les branches et un affaiblissement de l'arbre. La désinfection des outils de taille et les traitements au cuivre permettent de limiter l'agent pathogène.

▲ Cochenille noire

LES PARASITES

Les cochenilles

Ces insectes piqueurs et suceurs peuvent affaiblir les jeunes arbres seulement si vous les laissez pulluler. En produisant un miellat, leur action provoque indirectement l'installation de la fumagine. Elles sont de deux sortes : en boucliers noirs et farineuses. La cochenille noire fort heureusement est très frileuse et chaque hiver remet à zéro le compteur sanitaire.

- *Prévention :* Une taille permettant une bonne aération limite leur extension.

- *Traitement :* sur les petits arbres, il suffit de supprimer d'un coup d'ongle les premières formes visibles au revers de feuilles, sur les rameaux ou sur le tronc, dès le mois de mars et jusqu'en septembre.

En plein été, un simple jet d'eau tous les jours, au moment de l'arrosage est souvent suffisant.

Si vous vous laissez un peu déborder, sortez le pulvérisateur. D'abord pour employer des remèdes "bio", inutile de sortir l'arsenal chimique pour si peu. Pulvérisez un produit à base d'huile paraffinique ou d'huile végétale, vous aurez l'embarras du choix dans votre jardinerie habituelle. À renouveler deux ou trois fois entre le début du printemps et l'été.

Enfin, et seulement pour les cas désespérés, employez un produit anti-cochenilles chimique. Les années de forte infestation complétez par un traitement en fin d'automne et un second au tout début du printemps suivant.

Cicadelle américaine adulte

Larves de cicadelles américaines

La cicadelle américaine

Metcalfa pruinosa est un insecte piqueur très polyphage qui envahit tous les arbres et arbustes du Midi de la France entre juin et septembre. L'olivier fait partie du lot. Les dégâts ne sont pas prouvés, mais les très nombreuses piqûres doivent affaiblir les jeunes sujets. En revanche, un bel olivier placé près d'une terrasse, d'un coin à vivre ou à manger « pleure » tout l'été sa sève sucrée et collante. Très désagréable !

- *Prévention :* aucune.
- *Traitement :* dès les premiers stades larvaires traitez à l'aide d'un produit contre les cochenilles à base d'huile blanche. Après il sera trop tard, car les adultes sont recouverts d'un enduit cireux très imperméable. Reste alors la solution du jet d'eau quotidien sur la frondaison.

La teigne

La larve de ce papillon (*Prays oleae*) est une chenille de 6 mm particulièrement vorace qui grignote les feuilles, les boutons floraux et les fruits.
En outre, son cycle provoque deux chutes des fruits, l'une en juillet, l'autre en septembre-octobre quand la larve quitte le fruit. Trois générations se succèdent. La première, au printemps, mange les fleurs, la deuxième, en été, dévore la graine à l'intérieur du noyau de l'olive, la troisième en été et automne grignote les feuilles.
La présence de fils de soie dans les grappes florales traduit sa présence. En hiver elle se fait discrète et demeure dans le limbe des feuilles.

- *Prévention :* aucune.
- *Traitement :* les chenilles sont combattues par des pulvérisations de Bacillus thuringiensis, qui provoque la septicémie des parasites. Vous trouverez ce produit couramment en jardinerie. Appliquez dès l'apparition des fleurs et renouvelez après une pluie. Si le traitement est insuffisant, passez aux insecticides chimiques.

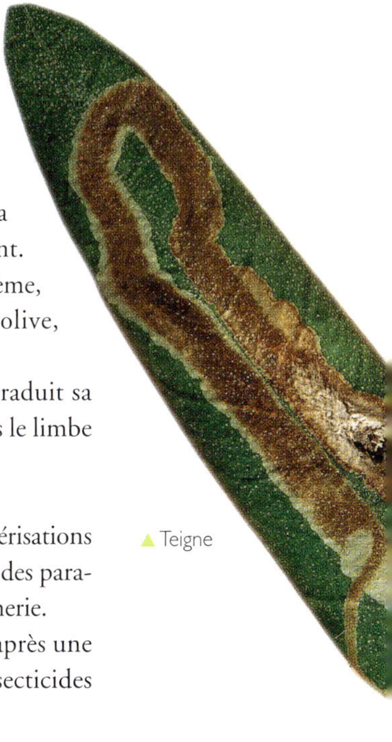

▲ Teigne

▼ Mouche de l'olivier

La mouche de l'olivier

Elle est le plus sérieux ennemi de l'olivier, en regard de la production de fruits, car elle est invariablement au rendez-vous tous les ans, au moins en plaine, rend les olives impropres à la consommation et altère considérablement la qualité de l'huile.

Dacus olea, ou *Bactocera olea* de son ancien nom encore en cours, est une mouche de petite taille, de 4 à 5 mm, très vivace qui réalise son cycle de vie au dépend exclusif de l'olivier et de l'oléastre, sa forme sauvage.

Entre juin et novembre jusqu'à quatre générations peuvent se succéder selon les régions. Les plus exposées étant celles au climat le plus doux, les plus épargnées se situent en altitude et au froid. Sitôt les premiers fruits disponibles, la mouche pond entre 50 et 300 œufs, à raison d'un seul par olive. Le calcul est rapidement fait, même en se basant sur l'hypothèse la plus basse, les 50 œufs de première génération donnent 2500 œufs à la suivante. La troisième génération voit 125 000 olives gâtées ! Il est donc capital de réagir dès l'observation des premiers adultes.

Il faut suspendre les pièges dans les arbres à orientation sud-ouest pour qu'ils puissent refléter les rayons du soleil couchant.

- *Prévention : le piégeage.* Des pièges enduits de glu permettent de capturer les premières mouches et aussi d'assurer leur comptage. Ils ont la forme de cylindre de couleur jaune ou verte, associé à un attractif à base de phéromones ou d'appâts ammoniaqués. Poser un piège par arbre, dès mi-juin dans les zones les plus sensibles et vers fin juillet en altitude. Renouveler les pièges après les grosses chaleurs, vers fin-août, début septembre.
- *Traitement :* pas de produits chimiques autorisés pour les particuliers. Le piégeage reste la seule solution (utilisée aussi par les oléiculteurs «bio»).

Et aussi ...

- ***Le scolyte de l'olivier*** ou Neiroun (*Phloetribus scarabeoides*) est un petit insecte xylophage qui creuse des galeries dans le bois des arbres affaiblis. On détecte sa présence par les perforations visibles à l'aisselle des feuilles. Coupez et brûlez les parties malades.
- ***La pyrale du jasmin*** (*Glyphodes unionalis*) produit une petite chenille verte qui broute les jeunes feuilles au printemps. Un insecticide chimique en vient facilement à bout.

Le tableau ci-dessous résume le calendrier de vigilance et d'intervention sur l'année.

MALADIE OU PARASITE	J	F	M	A	M	J	J	A	S	O	N	D	TRAITEMENT
Œil de paon			O + R	O + R	O + R	O			O + R	O + R	O + R		*Bouille Bordelaise*
Fumagine			R	R		O	O	O					*Bouillie Bordelaise + lutte contre les cochenilles*
Verticilliose			O + R	O + R	O + R	O + R	R	R	R	O + R	O + R	O + R	*Coupez et brûlez*
Mouche					O + R	O + R	O + R	O + R	O + R	O + R	O + R		*Piégeage*
Cochenille				O + R	O + R	O + R	O + R	O + R	O + R				*Huile*
Teigne				O + R	O + R	O + R	O + R	O + R	O + R				*Bacillus thurengiensis + produits chimiques*
Cicadelle						O + R	O + R	O	O				*Huile*

O *Observez*

R *Réagissez*

L'OLIVIER POUR LA PRODUCTION

Un olivier pour l'ornement, c'est bien beau, mais vous rêvez peut-être de votre petite oliveraie. Quelques dizaines de bouteilles de votre cru en perspective, des bocaux d'olives pour la table en direct de la « propriété ». Avouez que ça a en jette auprès de vos amis.

▲ 4 ou 5 oliviers promettent déjà de belles récoltes.

Et ça tombe bien, il reste un bout de terrain bien exposé au large de la maison et vous n'avez pas vraiment envie de le convertir en jardin, avec ce que cela suppose d'efforts, de contraintes et de factures d'eau, de surcroît.

Autant le transformer en verger méditerranéen, quelques figuiers, deux ou trois jujubiers et surtout des oliviers.

Sans endosser les habits d'un oléiculteur professionnel, vous aurez certainement à faire quelques efforts, à vous discipliner pour assurer les rendez-vous concernant la taille, la fumure et les traitements. A penser à l'arrosage, à la plantation, et avant tout cela au choix des variétés.

▲ Apportez une attention particulière au choix de la variété.

Beaucoup de paramètres à considérer, alors ne vous jetez pas tête baissée, mûrissez votre projet sur le papier. Et puis, l'olivier est là pour des siècles, alors vous pouvez prendre le temps de la réflexion et différer d'une année la plantation.

Les cas de figures sont très nombreux et si les pages qui suivent ne répondent pas trait pour trait à votre cas personnel, elles vous aideront à coup sûr à poser les bonnes questions. Ensuite, entourez-vous de bons conseils auprès des instances oléïcoles du voisinage (syndicat oléicole, coopérative, chambre d'agriculture, moulin, ...).

LES A.O.C.

▲ Les petites billes noires de l'A.O.C. 'Cailletier' sont aussi connues sous l'appellation de Niçoises ou d'olives de Nice.

▲ Les A.O.C. concernent aussi les olives confites et les pâtes d'olives.

Les Appellations d'Origine Contrôlées touchent également quelques productions d'huiles et d'olives. Cette politique destinée à tirer la filière oléicole française vers le haut a été mise en place pour la défendre des autres pays producteurs concurrentiels qui s'attribuent la production de masse. Elle est capitale pour certains professionnels, mais pour autant vous n'êtes pas exclus de cette démarche en dépit de la modestie de votre plantation, pour peu qu'elle représente quelques dizaines de sujets. Tant qu'à produire, vous pourrez aussi vous targuer de faire de la qualité. Seul prix à payer, quelques petites contraintes plus administratives que techniques.

PRINCIPE DES A.O.C.

L'appellation d'origine contrôlée est attribuée par l'Institut National des Appellations d'Origine (I.N.A.O.). Bien entendu cette démarche vous échappe totalement.
Son attribution repose sur plusieurs critères :

- *La localisation :* plantation et transformation doivent se faire sur une des communes répertoriées pour une A.O.C. donnée.
- *Le choix variétal :* certaines A.O.C. ne tolèrent la culture et l'utilisation d'une seule variété. Celle de Nice, par exemple, fait appel à la seule variété 'Cailletier'. D'autres en tolèrent plusieurs, dans la mesure où leur représentation atteint un taux important. L'A.O.C. de Nîmes accepte 'Picholine', 'Noirette' et 'Negrette' si leur taux est de 80 %. En outre, une même variété peut participer à plusieurs A.O.C. telle 'Anglandau' qui se retrouve dans celles de Haute Provence, du Pays d'Aix et des Baux de Provence. Dans tous les cas, les vergers admettent, bien entendu, une proportion de pollinisateurs de variétés différentes.
- *Les conditions culturales :* la densité de plantation doit laisser au moins 24 m² par arbre. La taille être effectuée tous les ans ou tous les deux ans, et les rendements sont limités, inférieur à 8 tonnes / ha pour l'A.O.C de Nîmes, moins de 6 tonnes /

Les A.O.C. concernent à la fois l'huile et les olives de confiserie, mais aussi les pâtes plus connues sous le nom de tapenades.

A.O.C.

A ce jour, les A.O.C. attribuée sont les suivantes :

- *Olives noires de la Vallée des Baux de Provence*
- *Olives cassées de la Vallée des Baux de Provence*
- *Olives noires de Nice*
- *Olives noires de Nyons*
- *Huile d'olive du Pays d'Aix en Provence*
- *Huile d'olive de Haute Provence*
- *Huile d'olive de la Vallée de Baux de Provence*
- *Huile d'olive de Nyons*
- *Huile d'olive de Nîmes*
- *Huile d'olive de Corse (Oliu di Corsica)*
- *Pâte d'olive de Nice*

ha pour celle de Nice. La date de récolte est fixée par la Préfecture, et seuls les fruits cueillis sur l'arbre, à la rigueur récupérés par des filets sont utilisés. Ceux tombés au sol sont exclus.

Si le cœur vous en dit, et si vous plantez dans une région concernée par une A.O.C. renseignez-vous auprès du syndicat oléicole du cru.

Le plan de fumure proposé convient à la majorité des oliviers. Cependant, une analyse de sol permettra de déceler les rectifications à apporter, notamment pour les sols trop riches ou trop pauvres en potassium et en magnésium.

LA FUMURE

L'olivier sait se passer de toute intervention humaine pour pousser et fructifier. Toutefois, une bonne compréhension des besoins appuyée par une nutrition adaptée permet d'optimiser sa culture.

LES JEUNES PLANTATIONS

Les premières années, les jeunes arbres apprécient un coup de « pousse ». Avant tout, faites une analyse de votre sol, elle est peu onéreuse en regard des récoltes escomptées, et elle se double de conseils du laboratoire pour apporter les corrections éventuellement nécessaires.

FUMURE

Important : n'épandez pas l'engrais au pied de l'arbre mais à l'aplomb de l'extérieur de la couronne, soit sur un cercle d'environ 1,50 à 2 m de rayon.

Le phosphore est indispensable à la croissance des jeunes oliviers, par la suite, cet élément ne sera plus apporté en quantité, car le fruitier devient autonome sur ce plan.

La première et la deuxième année, apportez 100 g de phosphate d'ammoniaque par arbre, entre mars et mai. La troisième année, augmentez la dose à 150 g et faites deux apports, l'un à la même époque, le second au milieu de l'été.

LES PLANTATIONS INSTALLÉES

Le principal élément à prendre à considération, et le plus capricieux à cerner, est l'azote, et il vaut mieux pêcher par défaut que par excès pour éviter la pousse trop rapide de la végétation rendue, alors, vulnérable aux attaques de parasites.

L'olivier a besoin d'apports réguliers en azote et vous fixe quatre rendez-vous dans la saison.

- *Au départ de la végétation :* 600 g de sulfate d'ammoniaque par arbre.
- *Avant la floraison :* 300 g d'ammonitrate à 33,5 % et 300 g de nitrate de potasse, par arbre.
- *À la nouaison :* 300 g d'ammonitrate à 33,5 % et 200 g de nitrate de potasse, par arbre.
- *Au grossissement des olives :* 2 à 300 g d'ammonitrate.

LE BON CONSEIL

Faites vos achats dans un magasin ou un dépôt dépendant d'une coopérative agricole. Ils vous fourniront les bulletins réguliers du syndicat oléïcole le plus proche répertoriant les conseils de fertilisation et de traitements phytosanitaires de la quinzaine.

L'ARROSAGE

L'olivier est habitué au régime sec méditerranéen depuis toujours et vous pouvez laisser vos arbres sans apport d'eau. Cependant il est prouvé que des arrosages suivis favorisent des récoltes deux à trois fois plus abondantes, et surtout élimine l'alternance de production d'une année sur l'autre.
Il faut surtout apporter de l'eau au printemps, particulièrement si l'hiver a été sec, pour doper la croissance des nouveaux rameaux, qui fructifieront l'année suivante.
De même au moment de la floraison il faut soutenir l'arbre par une bonne irrigation jusqu'à la nouaison.
En revanche la sécheresse estivale semble plutôt favoriser le grossissement des fruits. Toutefois elle ne doit pas s'éterniser ni être trop intense au risque de les faire chuter.
Le système le plus économe en eau et le plus pratique à l'usage reste le goutte-à-goutte dont il faut constituer une couronne autour du pied de chaque arbre.

Les troncs des jeunes oliviers sont encore bien tendres pour les incisives redoutables des rongeurs. Protégez-les des lièvres par la pose d'un manchon de protection.

LA DENSITÉ DE PLANTATION

Laissez 6 m entre deux arbres et autant entre deux lignes de plantation. Pensez à plantez les sujets en quinconce.

LA POLLINISATION

La pollinisation de l'olivier est exclusivement le fait du vent, contrairement à celle des autres fruitiers qui s'en remettent beaucoup aux insectes. On dit qu'il est anémogame.

Une variété d'olivier plantée isolément produit des olives en quantité intéressante, mais la fécondation croisée avec d'autres variétés semble améliorer sensiblement les rendements.

Certains producteurs traditionnels doutent de l'utilité de cet usage, avançant qu'il est très difficile de croiser les résultats compte-tenu notamment de la grande alternance de production dont fait preuve l'olivier. Cependant on peut faire confiance aux anciens, pour accepter le bien-fondé de cette pratique.

La floraison de l'olivier est abondante mais bien peu de fleurs donneront des olives.

Si vous décidez de planter quelques pollinisateurs, faites-le à raison de 5 à 10 % du nombre total d'arbres. Plantez-les en périphérie du verger, au moins sur deux côtés, en tenant compte du sens du vent qui doit être favorable.

Pour le choix des pollinisateurs reportez-vous aux fiches-portraits des variétés.

BON À SAVOIR

La communauté européenne dispense des aides à la plantation pour rehausser la qualité et relancer la culture de l'olivier. Les particuliers, sous certaines conditions sont également concernés pour peu que leur plantation soit significative. Renseignez-vous auprès de la Chambre d'Agriculture.

LA RÉCOLTE

La récolte est le grand moment de la culture de l'olivier. Elle offre des perspectives de belles journées entre amis pour la cueillette des olives vertes, et permet de compter les véritables, ou les obligés, qui acceptent de se geler les doigts en plein hiver pour la récolte des noires.

Non la méthode qui consiste à regarder les olives tomber dans un filet ne vient pas de Corse. Elle est particulièrement précieuse sans quoi les fruits tombés au sol s'abîment rapidement.

LA FLORAISON

La floraison de l'olivier a lieu entre mai et juin selon les variétés et les conditions climatiques et dure une semaine à dix jours. Les petites fleurs blanc-crème sont remarquables par leur grand nombre : un arbre en produit quelques dizaines à quelques centaines de milliers en fonction de son âge.

Cette profusion laisse espérer des récoltes abondantes au néophyte. Il n'en n'est rien. L'olivier fleurit abondamment car il s'en remet uniquement au vent pour sa pollinisation, et non aux insectes comme la plupart des plantes. Il est obligé de verser dans le gaspillage.

LA PÉRIODE DE RÉCOLTE

La date de la récolte dépend de la variété, bien entendu, mais surtout de l'usage que vous ferez des fruits. Les olives sont cueillies vertes, tournantes, c'est à dire colorées de brun ou de violacé, ou noires. Les premières sont destinées à la table ou à la confiserie, les autres également ainsi qu'à la fabrication d'huile. Septembre est le mois des primeurs. C'est à cette période que sont ramassées les olives vertes destinées à être cassées (voir chapitre sur les

recettes). La récolte des fruits verts se prolonge jusqu'à mi-octobre. Octobre et novembre voient la récolte des olives tournantes et des premières variétés cueillies noires. Décembre et janvier sont les deux mois consacrés au ramassage des olives destinées au moulin.

De rares variétés, comme 'Cailletier' s'éternisent jusqu'au printemps.

Pour l'apport au moulin, plus la récolte est tardive meilleurs sont le rendement et la qualité de l'huile qui gagne en finesse et en douceur. Mais attention, la cueillette doit avoir lieu avant le froid qui dénature rapidement la qualité du précieux liquide.

Les doigts en caoutchouc des peignes électriques permettent de gauler les olives mûres. Cet outil fonctionnant sur batteries reste un investissement coûteux à envisager seulement pour les plantations déjà importantes.

LA MÉTHODE

La manière la plus efficace et la plus douce est de récolter à la main. Même en restant largement en deçà des rendements des cueilleurs professionnels, vous viendrez rapidement à bout des quelques dizaines de kilogrammes avec l'aide de quelques copains de bonnes volonté.

Vous pouvez aussi ramasser à l'aide d'un peigne. Plus rapide, mais plus de feuilles à trier par la suite quand on a pas encore le coup de main.

Enfin, si vous ne voulez pas en perdre une miette ou si vous vous en remettez au vent, vous pouvez tendre des filets sous les arbres pour rassembler les olives tombées toutes seules.

Evitez de gauler les olives, c'était une pratique autrefois courante avant la mécanisation de la récolte, mais elle demande un savoir faire pour occasionner le moins de dégâts à l'arbre.

La récolte des olives vertes
Pour savoir si le moment de la récolte est venu, ouvrez quelques fruits transversalement. Le noyau doit se désolidariser de la pulpe. En outre en pressant le fruit, le jus doit être laiteux et non vert.

GOÛTEZ À VOTRE HUILE D'OLIVE.

Imaginez-vous un instant entourés vos amis autour de la table. Le filet doré qui coule du goulot de la bouteille, ce n'est pas n'importe quoi : c'est votre huile, celle de votre production. Vous voilà payés de tous vos efforts.

Et ce petit privilège est à la portée de tous. En effet, il suffit d'apporter votre récolte d'olives au moulin coopératif de votre choix, près de chez vous, pour en repartir avec de l'huile vierge première pression, 1 litre contre 6 à 8 kg telle est l'habitude.

Mieux encore, pour une « charge », dont la valeur varie d'un moulin à l'autre mais se situe autour de 250 à 300 kg, c'est l'huile de vos propres olives qui vous revient. Il vous suffit de prendre rendez-vous et de régler quelques frais afférents à la presse.

Certains moulins privés acceptent même des quantités moindres, compensées par des frais de traitement plus élevés. N'hésitez pas à faire le tour de quelques adresses (voir à la fin de l'ouvrage la liste des moulins).

QUELLE VARIÉTÉ PLANTER ?

Rien ne ressemble plus à une olive qu'une autre olive pensez-vous. Rien de plus faux comme l'illustre en partie seulement la photo page précédente.
La diversité est de mise pour ce fruitier, qui compte plus de 650 variétés différentes, non seulement sur le plan de l'aspect, mais surtout du goût, des utilisations et des caractéristiques agronomiques.

COMMENT LIRE CES FICHES

De nos jours les variétés d'olivier sont correctement nommées. Mais cette rigueur revient de loin tant les appellations locales sont nombreuses et bien ancrées dans les mémoires. En outre, un même nom de baptême, tout juste amendé d'un complément local, peut prêter à confusion.
C'est pourquoi vous trouverez dans la fiche de chaque variété un certain nombre de synonymes utiles.
La zone traditionnelle de culture vous renseignera pour votre choix, si vous vous contentez de marcher dans les pas des producteurs professionnels.
L'utilisation permet d'indiquer la plus appropriée pour une variété donnée. Mais toutes les olives peuvent être consommées, préparées en confiserie, et toutes produisent de l'huile. Précisons qu'il n'existe pas des olives vertes et des olive noires, mais qu'il s'agit de deux stades de maturation pour les mêmes fruits. En revanche certaines se contentent de devenir brunes sans jamais être d'un beau noir profond.

▼ À chaque terroir et chaque climat sa variété.

LES VARIÉTÉS FRANÇAISES

Amellau

- *Synonymes :* Amenalou, Amellenque, Amillou.
- *Zone de culture traditionnelle :* Hérault-Aude.
- *Utilisation :* olives vertes, pollinisateur.
- *Rendement en huile :* 18 à 22 %.
- *Pollinisation :* autofertile.
- *Période de récolte :* octobre-novembre.
- *Caractéristique :* c'est une variété traditionnelle de l'Hérault pour la culture à faible altitude car sa rusticité au froid est moyenne. En revanche, elle offre une bonne résistance aux maladies. Les grosses olives à pulpe abondante sont légèrement incurvées.
- *Description :* l'arbre est de moyen développement.

Anglandau

- *Synonymes :* Anglandaou, Verdale de Carpentras, Verdale du Vaucluse, Plant d'Aix, Plant de la Fare, Blanquet, Berruguet, Verdaou, Verdalo.
- *Zone de culture traditionnelle :* Vaucluse, Bouches-du-Rhône, Var.
- *Utilisation :* huile, olives vertes, pollinisateur.
- *Rendement en huile :* 23 à 30 %.
- *Pollinisation :* autofertile.
- *Période de récolte :* novembre-décembre avant les froids qui dénaturent les qualités des fruits.
- *Caractéristique :* variété abondamment répandue, sans doute pour sa très bonne résistance au froid. Entre dans la composition de trois A.O.C. (Haute-Provence, Pays d'Aix et Vallée des Baux). Ses olives vertes sont connues sous le nom de Berruguettes.
- *Description :* sa végétation est plutôt étalée et donne à la couronne une forme ample, encouragée par la taille de fructification qui maintient des arbres bas. Son bois est noueux.

Amygdalolia

- *Synonymes :* œuf de pigeon, olive grecque.
- *Zone de culture traditionnelle :* Grèce.
- *Utilisation :* olives vertes, huile, pollinisateur.
- *Rendement en huile :* 18 %.
- *Pollinisation :* par Manzanille.
- *Période de récolte :* novembre-décembre.
- *Caractéristique :* sensible à la mouche. Résistance au froid moyenne pour cette variété originaire de Grèce. Gros fruit à pulpe abondante : ce sont les fameuses « olives grecques ».
- *Description :* arbre à petit développement intéressant pour la culture en pot, mais trop peu souvent proposé dans le commerce.

Belgentieroise

- *Synonymes :* Bougentié, Belgentier.
- *Zone de culture traditionnelle :* Var.
- *Utilisation :* huile, olives noires.
- *Rendement en huile :* 15 à 17 %.
- *Pollinisation :* par Cayon.
- *Période de récolte :* dès octobre.
- *Caractéristique :* une des meilleures variétés pour le Var cultivée dans l'arrière-pays grâce à sa bonne rusticité, et appréciée pour ses gros fruits ovales à pulpe généreuse. Bonne résistance aux parasites.
- *Description :* l'arbre offre un développement moyen.

Bouteillan

- *Synonymes :* Redounan, Plant de Salernes, Plant d'Aups
- *Zone de culture traditionnelle :* Var.
- *Utilisation :* huile, olives noires, olives vertes.
- *Rendement en huile :* 20 à 25 %.
- *Pollinisation :* par Cayon.
- *Période de récolte :* fin octobre à fin décembre.
- *Caractéristique :* sa production est abondante et surtout peu sujette à l'alternance des récoltes.

d'une année sur l'autre. Les palais avertis noteront une note de poire mûre dans l'huile confectionnée avec les fruits récoltés tardivement.
- *Description :* cet arbre de taille moyenne se prête bien à la taille en boule, en dôme ou en cylindre qui donne un peu d'étoffe à sa végétation de vigueur moyenne.

Cailletier

- *Synonymes :* Caillet, Cayoun, Pendoulié, Grassenc, Petite olive de Nice.
- *Zone de culture traditionnelle :* Alpes-Maritimes.
- *Utilisation :* olives noires, huile.
- *Rendement en huile :* 18 à 22 %.
- *Pollinisation :* auto-fertile, par Picholine.
- *Période de récolte :* dès mi-novembre pour l'huile, jusqu'au printemps pour les olives.
- *Caractéristique :* les petites olives offrent peu de pulpe, en dépit d'un bon rendement en huile. Variété marquée par les alternances de production. Variété sensible à la mouche.
- *Description :* cette variété joue les contrastes entre la taille de ses fruits, de petites dimensions, et celle de l'arbre à grand développement, reconnaissable à son port pleureur, ses rameaux flexibles et la longueur de leurs entre-nœuds.

Cayet roux

- *Synonymes :* Plant de Figuanières, Cayette.
- *Zone de culture traditionnelle :* Var.
- *Utilisation :* huile.
- *Rendement en huile :* 20 à 25 %.
- *Pollinisation :* par Cayon.
- *Période de récolte :* fin novembre-décembre.
- *Caractéristique :* cette variété est assez localisée, pourtant elle mérite d'être « exportée » dans d'autres départements car elle résiste assez bien au froid. Ses fruits donnent une huile très limpide, douce et fine.
- *Description :* arbre de vigueur et développement moyens.

Cayon

- *Synonymes :* Cayoun, Entrecastelen.
- *Zone de culture traditionnelle :* Var.
- *Utilisation :* pollinisateur, huile.
- *Rendement en huile :* 18 à 22 %.
- *Pollinisation :* auto-fertile.
- *Période de récolte :* fin novembre-décembre.
- *Caractéristique :* variété cultivée dans l'arrière-pays du Var, à préconiser pour les zones les plus froides, à faible altitude, car son seul point faible est d'être sensible à la mouche.
- *Description :* arbre à végétation assez vigoureuse et ample.

Lucques

- *Synonymes :* Lucquoise.
- *Zone de culture traditionnelle :* Languedoc.
- *Utilisation :* olives vertes, huile.
- *Rendement en huile :* 18 à 20 %.
- *Pollinisation :* par Cayon, Cornicabra et Amellau
- *Période de récolte :* dès mi-septembre pour les olives vertes.
- *Caractéristique :* variété cultivée surtout dans l'Hérault et l'Aude. Les fruits sont reconnaissables à leur forme en léger croissant qui touche aussi le noyau. Sensible à la mouche et à l'œil de paon.
- *Description :* arbre à développement moyen.

Grossane

- *Synonymes :* Groussan.
- *Zone de culture traditionnelle :* Bouches-du-Rhône, Var.
- *Utilisation :* olives noires, huile.
- *Rendement en huile :* 15 à 17 %.
- *Pollinisation :* auto-fertile.
- *Période de récolte :* décembre.

- *Caractéristique :* cette variété répandue dans la Vallée des Baux de Provence, est assez sensible à la teigne mais sa bonne résistance au froid devrait la voir plus souvent plantée en altitude. Ses fruits ronds et lisses donnent une huile douce mais de faible conservation.
- *Description :* c'est un arbre généreux auquel il faut laissez de la place.

Moncita
- *Synonymes :* -
- *Zone de culture traditionnelle :* toutes régions.
- *Utilisation :* olives noires, olives vertes, huile.
- *Rendement en huile :* 18 %.
- *Pollinisation :* par Cayet Roux et Cornicabra.
- *Période de récolte :* dès octobre pour les olives vertes.
- *Caractéristique :* cette variété répandue dans le sud est assez passe-partout et s'adapte à toutes les variations de climats. Seul ombre au tableur elle est sensible à très sensible à la verticillose.
- *Description :* c'est un arbre très vigoureux et majestueux.

Negrette
- *Synonymes :* Négret, Petite noire.
- *Zone de culture traditionnelle :* Gard, Ardèche, Var.
- *Utilisation :* huile.
- *Rendement en huile :* 20 à 25 %.
- *Pollinisation :* Anglandau.
- *Période de récolte :* fin nomvembre-décembre.
- *Caractéristique :* sa bonne résistance au froid la fait cultiver dans les zones limites de sa culture, entre autres en Ardèche où elle fait partie des quelques variétés qui font la réputation oléïcole de ce département, car elle est appréciée par les amateurs d'huile fruitée et amère.
- *Description :* développement moyen.

Oliviere

- *Synonymes :* Guimenque, Pointue, Becaru.
- *Zone de culture traditionnelle :* Languedoc.
- *Utilisation :* huile, olives vertes.
- *Rendement en huile :* 15 à 20 %.
- *Pollinisation :* autostérile. Cayon, Verdale, Arbequine ou Verdale.
- *Période de récolte :* fin octobre.
- *Caractéristique :* reconnaissable à ses fruits pointus. Très bonne productivité. Bonne résistance au froid : tous les arbres ont rejeté du pied après le grand gel de 1956. son huile est fruitée avec une nuance de tomate disent les amateurs éclairés.
- *Description :* arbre vigoureux, pouvant devenir grand s'il est laissé sans taille. Port pleureur et retombant pour les rameaux fructifères.

Picholine du gard

- *Synonymes :* Picholine, Colliasse.
- *Zone de culture traditionnelle :* Languedoc, Roussillon, Provence, Corse.
- *Utilisation :* olives vertes, huile.
- *Rendement en huile :* 15 à 18 %.
- *Pollinisation :* par Verdale de l'Hérault et Anglandau.
- *Période de récolte :* octobre novembre pour la table, le plus tard possible pour l'huile, mais avant les grands froids.
- *Caractéristique :* le faible rendement en huile est largement compensé par la production et plus encore par sa régularité. Les fruits sont de taille moyenne (3 à 5 g) mais leur pulpe, ferme et charnue, donne de bonnes olives de table.
- *Description :* sa silhouette basse et étalée est indiquée pour les petits jardins.

Ribiers

- *Synonymes :* Petit Ribiers, Plant de Callas.
- *Zone de culture traditionnelle :* Var.
- *Utilisation :* huile.
- *Rendement en huile :* 19 à 21 %.
- *Pollinisation :* Anglandau.
- *Période de récolte :* novembre-décembre.
- *Caractéristique :* bonne résistance au froid et aux parasites. C'est un très bon compromis pour les jardiniers du Var amateurs d'huile fruitée et un peu forte.
- *Description :* grand développement, port dressé et ample.

Rougette de l'Ardèche

- *Synonymes :* aucun connus.
- *Zone de culture traditionnelle :* Ardèche, nord du Gard.
- *Utilisation :* huile.
- *Rendement en huile :* 25 %.
- *Pollinisation :* auto-fertile.
- *Période de récolte :* novembre à début janvier.
- *Caractéristique :* sa très bonne résistance au froid la fait planter dans les limites de la zone de culture et les microclimats rudes, comme en Ardèche où elle est la variété la plus appréciée et cultivée sur les terrasses bien exposées.
- *Description :* arbre de développement moyen.

- **Salonenque**

- *Synonymes :* Selounen, Plant de Salon, Saurine.
- *Zone de culture traditionnelle :* Bouches-du-Rhône, Var.
- *Utilisation :* olives cassées, olives vertes, huile.
- *Rendement en huile :* 20 à 22 %.
- *Pollinisation :* autofertile.
- *Période de récolte :* dès mi-septembre pour la table, mi-novembre pour l'huile.
- *Caractéristique :* c'est la variété par excellence pour faire des olives cassées. Elle entre d'ailleurs dans les A.O.C. Olives cassées des Baux de Provence, et Huile d'olive de la Vallée des Baux.
- *Description :* son port est souple sans être pleureur. Ce petit arbre de 3 à 5 m est reconnaissable au bois anguleux de ses vieilles branches.

- **Tanche**

- *Synonymes :* Olive de Nyons.
- *Zone de culture traditionnelle :* Drôme, Vaucluse.
- *Utilisation :* olives noires, huile.
- *Rendement en huile :* 25 à 30 %.
- *Pollinisation :* Cayon.
- *Période de récolte :* fin novembre pour l'huile, décembre-janvier pour la confiserie.
- *Caractéristique :* les olives sont rondes, légèrement cordiformes. Seule variété admise dans l'A.O.C. Olives noires de Nyons. L'A.O.C. Huile d'olive de Nyons doit en renfermer au moins 95 %. Sensible à la mouche et à l'œil de paon.
- *Description :* arbre massif, très vigoureux, à végétation dense dont la forme naturelle en boule ne demande qu'à être encouragée.

Verdale de l'Hérault

- *Synonymes :* Grosse ronde.
- *Zone de culture traditionnelle :* Hérault.
- *Utilisation :* huile, olives vertes, pollinisateur.
- *Rendement en huile :* 19 à 21 %.
- *Pollinisation :* Anglandau.
- *Période de récolte :* octobre pour les olives vertes, décembre pour l'huile.
- *Caractéristique :* elle se distingue de la précédente par une rusticité moindre. Ses fruits ronds assez gros donnent une huile de saveur douce.
- *Description :* son développement est aussi moins important que celui du précédent.

Verdale des Bouches-du-Rhône

- *Synonymes :* Plant d'Eyguières.
- *Zone de culture traditionnelle :* Bouches-du-Rhône.
- *Utilisation :* huile.
- *Rendement en huile :* 18 à 20 %.
- *Pollinisation :* Anglandau.
- *Période de récolte :* décembre.
- *Caractéristique :* attention, plusieurs dénominations 'Verdale' qualifient des types très différents dans le sud. Bien adaptée au froid et très bonne résistance aux parasites. Son huile est amère.
- *Description :* arbre de développement moyen.

AUTRES VARIÉTÉS

Comme nous l'avons signalé en début de ce livre, de nombreux oliviers proposés dans le commerce viennent d'Espagne et d'Italie, par laquelle, en outre, transitent quelques variétés tunisiennes ou grecques.
Il existe en Toscane une longue tradition de culture oléïcole appuyée sur des pépinières spécialisées dans la multiplication d'oliviers. En clair, lorsque ces variétés sont étiquetées, vous avez toutes les chances d'espérer une identification fidèle. Ces mêmes variétés ne le sont pas, en général, lorsqu'elles sont utilisées pour l'ornement.
Les variétés en provenance de Sicile ou d'Espagne, sont soumises à moins de rigueur sur ce plan.
Il serait dommage de passer à côté de certaines, tout à fait adaptées à la production en France, et qui ont toutes un atout à faire valoir.

Arbequine

- *Origine :* Espagne.
- *Utilisation :* huile.
- *Rendement en huile :* 18 à 20 %.
- *Pollinisation :* Manzanille, Anglandau.
- *Période de récolte :* décembre.
- *Caractéristique :* son nom vient de la ville d'Arbeca, où elle est abondamment plantée. Ses petits fruits de forme ovales donnent une huile d'une grande finesse. D'ailleurs, elle entre pour 90 % dans la composition de l'appellation d'origine espagnole « Les garrigues ».
- *Description :* arbre vigoureux à frondaison très généreuse.

Ascolana tenera

- *Synonymes :* Ascolana.
- *Origine :* Italie.
- *Zone de culture traditionnelle :* Marche.
- *Utilisation :* olives vertes de table.
- *Rendement en huile :* 16 à 18 %.
- *Pollinisation :* par Leccino, Frantoïo et Pendolino car elle est auto incompatible.
- *Période de récolte :* octobre-novembre.
- *Caractéristique :* ses très gros fruits ovoïdes (8 à 10 g) à pulpe abondante la destine à la confiserie, mais elle est aussi utilisée pour la production d'huile. Résistante au froid, à l'œil de paon mais sensible à la mouche.
- *Description :* arbre très vigoureux et haut, à végétation souple et retombante.

Blanquetta

- *Synonymes :* Biancolilla.
- *Origine :* Italie.
- *Zone de culture traditionnelle :* Sicile.
- *Utilisation :* huile.
- *Rendement en huile :* 15 à 18 %.
- *Pollinisation :* par Frantoïo car elle est partiellement auto incompatible.
- *Période de récolte :* octobre-novembre
- *Caractéristique :* résiste bien au froid, notamment aux gelées tardives, et à l'œil de paon. Les olives doivent être récoltées tournantes, elles ont alors une couleur rose violacée, pour une meilleure qualité d'huile.
- *Description :* arbre de grande vigueur, à la couronne généreuse et aux rameaux souples.

Cornicabra

- *Synonymes :* Corne de chèvre.
- *Origine :* Espagne.
- *Zone de culture traditionnelle :* Tolède, Ciudad Real, Hérault et Aude.
- *Utilisation :* huile, pollinisateur.
- *Rendement en huile :* 21 à 27 %.
- *Pollinisation :* Anglandau en France.
- *Période de récolte :* décembre.
- *Caractéristique :* elle offre une bonne résistance au froid, mais elle est sensible à la mouche. Sa production est régulière et donne de petits fruits noirs à maturation tardive.
- *Description :* arbre de développement moyen assez répandu en jardinerie pour l'ornement.

Frangivento

- *Synonymes :* Cipressino, Pyramidalis.
- *Origine :* Italie.
- *Zone de culture traditionnelle :* Pouilles.
- *Utilisation :* huile.
- *Rendement en huile :* 15 à 17 %.
- *Pollinisation :* par Leccino, Frantoïo et Pendolino, car elle est autostérile.
- *Période de récolte :* mi-novembre à mi-décembre.
- *Caractéristique :* bonne résistance aux parasites et aux maladies et au froid.
- *Description :* arbre vigoureux à végétation dense et de croissance rapide dont la forme naturelle tend à devenir rapidement colonnaire.

Frantoio

- *Synonymes :* Frantoïano, Correggiolo.
- *Origine :* Italie.
- *Zone de culture traditionnelle :* Toscane.
- *Utilisation :* huile.
- *Rendement en huile :* 20 à 23 %.
- *Pollinisation :* autofertile, par Pendolino et Leccino.
- *Période de récolte :* novembre à janvier, car la maturation est étalée.
- *Caractéristique :* production régulière et abondante, même chez les jeunes sujets, grâce à une autofertilité très marquée. Fruits allongés et légèrement pointus.
- *Description :* arbre de vigueur moyenne, à port souple à pleureur très répandu en Toscane où il participe au décor de « carte postale ».

Gordal

- *Synonymes :* Gordal Sevillana, Real, Gordales.
- *Origine :* Espagne.
- *Zone de culture traditionnelle :* Andalousie.
- *Utilisation :* olives vertes.
- *Rendement en huile :* -
- *Pollinisation :* par Manzanille.
- *Période de récolte :* fin septembre-octobre.
- *Caractéristique :* la grosseur des olives (10 à 12 g) et l'abondance de la pulpe destinent cette variété à la confiserie en vert. Bonne résistance au froid et à l'humidité et à la mouche.
- *Description :* arbre de vigueur moyenne et à la végétation un peu lâche qui donne une couronne ouverte et aérée. Les longs rameaux souples complètent la touche une peu désordonnée de l'arbre.

Grignan
- *Synonymes :* Gragnan.
- *Origine :* Italie.
- *Zone de culture traditionnelle :* Vénitie.
- *Utilisation :* huile.
- *Rendement en huile :* 14 à 15 %.
- *Pollinisation :* par Leccino.
- *Période de récolte :* mi-novembre-décembre.
- *Caractéristique :* son huile de très bonne qualité explique la culture de cette variété qui produit de petits fruits (1,5 à 2 g) peu riche en huile.
- *Description :* végétation naturellement dense qui nécessite une taille annuelle pour éclaircir la couronne.

Itrana
- *Synonymes :* Oliva de Gaeta, Trana.
- *Origine :* Italie.
- *Zone de culture traditionnelle :* Lazio.
- *Utilisation :* huile, confiserie.
- *Rendement en huile :* 20 %.
- *Pollinisation :* par Leccino et Pendolino car autostérile.
- *Période de récolte :* mi-novembre à fin janvier.
- *Caractéristique :* bonne productivité, résistance au froid et aux parasites sont les trois atouts de cette variété.
- *Description :* plante de petites dimensions, à la végétation dense et ramassée, idéale pour les petits jardins.

Leccino
- *Synonymes :* Leccio.
- *Origine :* Italie.
- *Zone de culture traditionnelle :* Toscane.
- *Utilisation :* huile.
- *Rendement en huile :* 17 à 22 %.
- *Pollinisation :* par Moraïolo, Pendolino et Frantoïo, car autoincompatible.

- *Période de récolte :* fin octobre à mi-décembre.
- *Caractéristique :* production régulière pour cette variété cultivée dans le monde entier. Variété robuste qui résiste au froid, à la neige, aux vents et à l'œil de paon.
- *Description :* arbre vigoureux, végétation ample et rameaux souples.

Manzanille

- *Synonymes :* Manzanille de Séville.
- *Origine :* Espagne.
- *Zone de culture traditionnelle :* Andalousie.
- *Utilisation :* olives noires, olives vertes.
- *Rendement en huile :* 20 %.
- *Pollinisation :* par Gordal.
- *Période de récolte :* fin-septembre-octobre.
- *Caractéristique :* résiste au froid et donne des récoltes régulières. C'est la variété espagnole la plus répandue dans le monde pour ses fruits moyens (3 à 5 g) mais riches en pulpe.
- *Description :* arbre vigoureux au port ample.

Moraiolo

- *Synonymes :* Morellino, Morinello.
- *Origine :* Italie.
- *Zone de culture traditionnelle :* Toscane.
- *Utilisation :* huile.
- *Rendement en huile :* 18 à 24 %.
- *Pollinisation :* par Pendolino.
- *Période de récolte :* novembre à mi-décembre.
- *Caractéristique :* les petits fruits (1,5 à 2 g) sont presque sphériques et parfaitement symétriques. C'est une plante rustique qui supporte le froid et les vents recommandée pour planter à flanc de colline. Productivité moyenne mais constante.
- *Description :* arbre de vigueur moyenne à végétation dense constituée de nombreuses petites feuilles.

Pendolino

- *Synonymes :* Piangente.
- *Origine :* Italie.
- *Zone de culture traditionnelle :* Toscane.
- *Utilisation :* huile, pollinisateur.
- *Rendement en huile :* 22 à 23 %.
- *Pollinisation :* par Frantoïo et Leccino.
- *Période de récolte :* novembre-décembre.
- *Caractéristique :* production régulière et abondante.
- *Description :* arbre peu vigoureux à développement limité, et à port nettement pleureur. Nombreuses feuilles étroites et allongées assez reconnaissables.

Sant'Agostino

- *Synonymes :* Oliva grossa.
- *Origine :* Italie.
- *Zone de culture traditionnelle :* Pouilles.
- *Utilisation :* olive de table verte.
- *Rendement en huile :* -
- *Pollinisation :* par Moraïolo et Frantoïo car auto-stérile.
- *Période de récolte :* mi-septembre à mi-octobre.
- *Caractéristique :* gros fruit (8 à 9 g) à la pulpe abondante (90 %) de grande qualité. Résistant à l'œil de paon.
- *Description :* vigoureux mais de développement plutôt modeste. Rameaux fructifères très souples.

Picual

- *Synonymes :* Blanco, Picua.
- *Origine :* Espagne.
- *Zone de culture traditionnelle :* Andalousie.
- *Utilisation :* huile, olives.
- *Rendement en huile :* 23 à 28 %.
- *Pollinisation :* autofertile, par Manzanille, Gordal, Uovo di piccione.
- *Période de récolte :* mi-octobre à décembre.
- *Caractéristique :* cette variété donne une des

huiles les plus utilisée en Espagne où elle fournit environ la moitié de la production nationale.
En dépit de son origine, elle supporte plutôt bien les sols humides. Récoltes abondantes et régulières.
- *Description :* arbre très vigoureux et ample, à branches quadrangulaires.

Santa Caterina
- *Synonymes :* Oliva lucchese.
- *Origine :* Italie.
- *Zone de culture traditionnelle :* Toscane.
- *Utilisation :* olive verte de table.
- *Rendement en huile :* -
- *Pollinisation :* Frantoïo.
- *Période de récolte :* mi-septembre à mi-octobre
- *Caractéristique :* la production est régulière est bonne en dépit d'un fort taux d'avortement naturel (60 %). Résiste bien au froid, un peu moins à l'œil de paon.
- *Description :* arbre vigoureux et généreux.

Uovo di piccione
- *Synonymes :* Grosse du Hamma, œuf de pigeon.
- *Origine :* Tunisie.
- *Zone de culture traditionnelle :*
- *Utilisation :* olive de table.
- *Rendement en huile :* -
- *Pollinisation :* par Manzanille pour améliorer les récoltes, car il est partiellement auto-incompatible.
- *Période de récolte :* fin septembre-octobre
- *Caractéristique :* les fruits sont de dimensions exceptionnelles (8 à 10 g) et leur taux de pulpe est à l'avenant (environ 82 %) C'est peu dire que c'est une variété de table par excellence.
Ne laissez pas passer cette curiosité, par ailleurs résistante au froid et à l'œil de paon.
- *Description :* arbre vigoureux de moyen développement.

Huile
d'Olive

PETIT COURS DE DÉGUSTATION

Vous vous êtes forcément trouvé un jour de votre vie dans la peau du néophyte face à l'amateur éclairé de bons vins. Son rituel peut quelquefois agacer, mais il ne peut occulter les différences marquées entre un vin et un autre. Il en est de même en matière d'huile d'olive. Entre une huile de grande consommation et un « bon cru » les différences sont énormes. Mais ne vous laissez pas abuser par les excès du marketing qui profitent allègrement du manque d'éducation des palais encore novices en matière de dégustation. Pas plus que par certains cérémonials injustifiés.

COMMENT JAUGER UNE HUILE D'OLIVE ?

Dans une première approche considérez seulement trois critères facilement appréciables.

- ***L'amertume :*** sur le strict sens physiologique du terme, l'amer est le seul goût qu'on puisse déceler dans l'huile d'olive. La plupart des variétés donnent des huiles à l'amertume d'autant plus marquée que la récolte est précoce. Elle décroît au fur et à mesure de l'avancement de la maturité des fruits. Par ailleurs, l'amertume de l'huile s'estompe avec sa conservation dans le temps. Commencez votre apprentissage par 'Picholine' et 'Anglandau' qui donnent des huiles amères. Evitez 'Cayon' ou 'Grossane' dont les huiles ne le sont jamais.
  A savoir : l'amertume se détecte à l'arrière de la langue.
- ***Le piquant, on parle aussi d'ardence :*** il se traduit par une petite sensation de brûlure légère à la manière de celle provoquée par les épices. Il diminue également avec la maturation des fruits. Testez 'Bouteillan' qui peut fournir une huile très ardente.
- ***L'onctuosité :*** c'est la traduction alimentaire de la viscosité. Difficile à jauger car les huiles ardentes et amères déclenchent rapidement un excès de salivation qui les fait paraître plus fluides qu'elles ne sont et apparaissent plus « légères » À contrario les huiles douces paraissent plus épaisses et peuvent être jugées « lourdes » ou « grasses ».

▼ Les huiles d'olives offrent de nombreuses différences notables même pour un palais non averti.

▲ Tout aussi important que le choix de la variété…

▲ … celui de la préparation des olives …

▲ … finit de donner toute la saveur aux apéritifs.

Dans un second temps, vous pourrez vous amuser à débusquer les nuances présentes dans les huiles d'olive. Certaines sont flagrantes, d'autres beaucoup moins évidentes et réservées aux papilles exercées.
La sensation de cacao ou de chocolat amer est facile à identifier pour 'Anglandau' chez qui ont note aussi aisément un souvenir d'artichaut ou d'amande sèche. Les notes d'amande sont une constante chez plusieurs variétés, amande fraîche chez 'Cailletier', amande verte chez 'Grossane'.
Cayon affiche un goût distinct de champignon, de Paris avancent certains. Les notes de fruits rouges (fraise et framboise) sont aussi relativement fréquents et identifiables, surtout chez 'Picholine', 'Ribiers' ou 'Grossane'. Certaines huiles corses sont teintées de mûre, souvent masquée par une forte présence de maquis.
Tout aussi repérables sont l'ananas ou les fruits exotiques, chez 'Picholine', la banane verte chez 'Bouteillan' ou 'Lucques'.
Vous aurez plus de mal à localiser le petit goût de céréales des huiles italiennes, le foin frais ou sec de 'Cailletier' ou 'Rougette de l'Ardèche', plus encore celui de poire de 'Bouteillan', de noisette de 'Tanche', de pomme verte de 'Cayet Roux' ou encore de pamplemousse de 'Grossane'.
Au moins aurez-vous découvert la palette infinie offerte par les huiles d'olives et à défaut de l'apprécier à sa juste valeur pourrez-vous briller en société.

LES RECETTES

Cueillies vertes ou noires les olives sont immangeables en l'état, elles doivent être désamérisées en premier lieu. Les recettes pour les accommoder sont innombrables.
Vous avez confié votre petite récolte au moulin pour obtenir

de l'huile, difficile de faire autrement, en revanche prenez plaisir à préparer vos olives de table.
Voici quelques recettes faciles pour vous mettre l'eau à la bouche. Toutes ont bien sûr leur tour de main jalousement gardé, à vous de les personnaliser. Et ne dites surtout pas à ma mère que je vous ai livré sa recette d'olives cassées !

Les olives cassées

Les olives cassées sont les premières cueillies en saison, dès septembre, les premières préparées et les premières consommées, car leur conservation excède guère six mois.
'Salonenque' et 'Béruguette' sont les deux variétés de prédilection, mais toutes les olives vertes se prêtent à cette préparation. Faites simple, éclatez les olives sans écraser la pulpe ni casser les noyaux, à l'aide d'un maillet en bois, ou de tout autre ustensile.

- Plongez les olives cassées dans un récipient d'eau que vous changerez deux fois par jour.
- Au bout de 10 jours, goûtez quelques olives qui doivent avoir perdu leur amertume et doivent être mangeables. Mangeables mais pas encore consommables.
- Préparez un court-bouillon à votre convenance contenant du thym, du fenouil, du romarin, du laurier-sauce. Certains y ajoute du citron, de la coriandre ou une écorce d'orange. Faites bouillir puis refroidir et ajoutez 100 g par litre de sel à ce court-bouillon pour préparer une saumure dans laquelle vous conserverez les olives. Attendez une dizaine de jours avant de consommer les premières. Si vous les trouvez trop salées, vous pouvez les mettre à dessaler pendant quelques heures.

Les olives vertes à la cendre

- Dans un grand récipient de plastique ou de bois, (pas de métal) mélangez de l'eau et de la cendre de bois tamisée pour obtenir un mélange crémeux.

- Recouvrez totalement les olives vertes, de préférence des variétés 'Picholine', 'Lucques' ou 'Salonenque', et laissez-les pendant 4 ou 5 jours en les brassant quotidiennement plusieurs fois.
- Rincez alors abondamment à l'eau claire puis pendant 8 jours en changeant l'eau deux à trois fois par jour. Elles doivent perdre toute amertume, sinon insistez quelques jours de plus.
- Conservez dans la même saumure que ci-dessus.

Les olives vertes au potassium

- Préparez une solution de soude caustique liquide, à raison d'un verre par litre d'eau, pour recouvrir les olives vertes pendant une dizaine d'heures.
- Rincez abondamment à l'eau claire, puis pendant 8 jours en changeant l'eau plusieurs fois par jour. Les olives perdent leur amertume en rendant un jus brun. Lorsqu'elles ne sont plus amères conservez-les dans la même saumure déjà détaillée.

Olives noires confites

- Les olives noires cueillies bien colorées et charnues sont placées dans un seau en plastique et saupoudrées de gros sel.
- Faites-les bien sauter plusieurs fois pour que le sel les recouvre parfaitement.
- Recouvrez le seau d'un tissu pour limiter l'évaporation et conservez pendant 5 à 6 jours en agitant 2 à 3 fois par jour. Si les olives rendent trop d'eau en vider la moitié seulement.
- Lorsqu'elles ont perdu toute amertume, égouttez-les, essuyez-les dans un torchon.
- Placez dans un bocal avec les aromates, thym, romarin, laurier-sauce, fenouil …
- Versez une bonne rasade d'huile d'olive et roulez le bocal pour en envelopper correctement toutes les olives. Conservez dans un endroit frais, à l'abri de la lumière.

LISTE DES MOULINS À HUILE

Alpes de Haute-Provence (04)

- Ets Arizzi
  04190 Les Mées
  04.92.34.04.80
- Moulin Paschetta Henry
  04700 Oraison
  04.92.78.61.02
- Moulin du Mardaric
  04310 Peyruis
  04.92.68.04.12
- Moulins des Pénitents
  04190 Les Mées
  04.92.34.07.67
- Moulin de l'Olivette
  04100 Manosque
  04.92.72.00.99
- Château de Rousset
  04800 Gréoux-les-Bains
  04.92.72.62.49
- Campagne Le Thuve
  04700 Oraison
  04.92.79.99.11
- La Petite Colle
  04210 Valensole
  04.92.74.82.87
- La Maréchale
  04700 Lurs
  04.92.78.77.51
- Moulin de la Cascade
  04700 Lurs
  04.92.79.95.03
- Jean Louis Sauvy
  04190 Les Mées
  04.92.34.05.91

Alpes Maritimes (06)

- Coopérative oléicole
  06530 Saint-Cézaire-sur-Siagne
  04.93.60.82.87
- Moulin Martini Tihy
  06440 L'Escarène
  04.93.91.34.33
- Coopérative du Cros d'Utelle
  06450 Lantosque
  04.93.08.08.05
- Coopérative de Gilette-Val Estéron
  06830 Gilette
  04.93.08.54.48
- Moulin Sainte-Anne
  06130 Grasse
  04.93.70.21.42
- Coopérative oléicole
  06670 Levens
  04.93.91.61.16
- Coopérative du Mentonnais
  06540 Breil/Roya
  04.93.04.48.15
- Moulin de La Brague
  06650 Opio
  04.93.77.23.03
- Moulin de Castagniers
  06670 Castagniers
  04.93.08.10.75
- Moulin communal
  06500 Castellar
  04.93.57.03.27
- Moulin à huile Cotta
  06540 Breil sur Roya
  04.93.04.08.37
- Moulin à huile Alziari
  06000 Nice
  04.93.44.45.12
- Moulin à huile du Rossignol
  06130 Grasse
  04.93.70.16.74
- Moulin communal
  06510 Le Broc
  04.93.08.28.31
- Moulin communal
  06440 L'Escarène
  04.93.91.64.05
- Moulin Baussy et Fils
  06530 Spéracédès
  04.93.60.58.59
- Moulin à huile Manguine
  06500 Menton
  04.93.35.44.16
- Moulin coopératif des Escaioun
  06390 Contes
  04.93.79.24.05
- Moulin Sasso
  06530 St Cézaire-sur-Siagne
  04.93.66.36.40
- Coopérative oléicole
  06340 Drap04.93.54.75.68
- Coopérative oléicole
  06440 Peille
  04.93.91.71.71
- Moulin à huile Guido
  06440 Peillon
  04.93.91.24.40
- Coopérative La-Roquette-sur-Var
  06670 La Roquette sur Var04.93.08.44.30
- Moulin communal
  06830 Bonson
  04.93.08.51.71
- Coopérative de Contes
  06390 Contes
  04.93.79.28.73
- Ets Maurice Lottier
  06500 Menton
  04.93.35.79.15

Aude (11)

- Coopérative Oléicole l'Oulibo
  11120 Bize-Minervois
  04.68.41.88.88
- Domaine de Saint-Gleon
  Villesèque des Corbières
  11360 d'Urban 04.68.48.85.95
- Château Canet
  11800 Rustiques
  04.68.79.28.25
- L'Olivière Pasquier
  11220 La Grasse
  04.68.43.13.90

Bouches-du-Rhône (13)

- Moulin du Castelas
  13520 Les Baux-de-Provence
  04.90.54.50.86
- Coopérative Oleicole
  13580 La-Fare-les-Oliviers
  04.90.42.61.51
- Moulin de Bedarrides
  13990 Fontvieille
  04.90.54.70.04
- Moulin moderne
  13890 Mouriès
  04.90.94.02.00
- Moulin de la Vallée des Baux
  13930 Aureille
  04.90.59.90.14
- Moulin Sica
  La Cravenco
  13280 Raphèle-les-Arles
  04 90.96.50.82
- Moulin Jean Marie Cornille
  13520 Maussane-les-Alpilles
  04.90.54.32.37
- Moulin Coopératif
  13890 Mouriès
  04.90.47.53.86
- Moulin Saint Michel
  13890 Mouriès
  04.90.94.02.00
- Mas de l'Esclade
  13310 Saint-Martin-de-Crau
  04.90.47.26.39
- Mas de l'Ange
  3990 Fontvieille
  04.90.54.72.55
- Château d'Estoublon
  13990 Fontvieille
  04.90.54.64.00
- Mas de la Dame
  13520 Les Baux-de-Provence
  04.90.54.32.24
- Mas de Sainte Berthe
  13520 Les Baux-de-Provence
  04.90.54.39.01
- Domaine Le Grand Servan
  13150 Tarascon
  04.90.43.57.90
- Moulin Margier
  13390 Auriol
  04.42.04.74.09
- Moulin Barle & Fils
  13510 Eguilles
  04.42.92.55.14

- Coopérative Oléicole
  13111 Coudoux
  04.42.52.05.04
- Moulin du Mas de Vaudoret
  13890 Mouriès
  04.90.47.50.13
- Moulin du Mas Saint Jean
  13990 Fontvieille
  04.90.54.72.64
- Association des Mouliniers
  de la Vallée des Baux
  3160 Châteaurenard
  04.90.94.02.00

Charente-Maritime (17)
Île de Ré
- Le Moulin du Puits Salé
  3 Cours du Bailly des écotais
  17410 Saint Martin de Ré
  Tél / Fax 05.46.67.87.56
  www.le-moulin-du-puits-sale.com

Drôme (26)
- Moulin Autrand- Dozol
  26110 Nyons
  04.75.26.02.52
- Moulin de Haute Provence
  26170 Buis-les-Baronnies
  04.75.28.04.45
- Le Vieux Moulin
  26110 Mirabel-aux-Baronnies
  04.75.27.12.02
- Coopérative Agricole
  du Nyonsais
  26110 Nyons
  04.75.26.03.33
- Moulin de Chameil
  26110 Mirabel-aux-Baronnies
  04.75.27.17.22
- Coopérative du Nyonsais
  26110 Nyons
  04.75.26.95.00
- Domaine de la Blachette
  26110 Nyons
  04.75.26.05.41
- Domaine de la Taurelle
  26110 Mirabel-aux-Baronnies
  04.75.27.12.32
- Domaine de Rocheville
  26110 Nyons
  04.75.26.35.20

Gard (30)
- Coopérative Oleicole
  30250 Villevieille
  04.66.80.03.69
- Moulin de Portal
  30360 Martignargues
  04.66.83.24.52
- Huileries Cauvin
  30000 Nîmes
  04.66.04.71.81
- Ets Soulas
  30190 Collorgues
  04.66.81.21.13
- La Picholine
  30250 Sommières
  04.66.80.03.69
- Château de la Tuilerie
  30900 Nîmes
  04.66.70.07.52
- Domaine Perse Rose
  30840 Meynes
  04.66.57.59.97
- Mas St Paul
  30300 Beaucaire
  04.66.01.10.04

Hérault (34)
- Coopérative Oléicole
  34570 Pignan
  04.67.47.70.22
- L'Huilerie
  34800 Clermont-L'Hérault
  04.67.96.10.36
- Hugounenq Marc
  34700 Lodève
  04.67.44.08.06

Pyrénées-Orientales (66)
- Domaines Lacassagne
  6100 Perpignan
  04.68.50.25.32
- Coopérative Oléicole
  66170 Millas 04.68.57.28.67
- Château Caladroy
  66720 Bellesta
  04.68.57.10.25
- Domaine Forca Real
  66170 Millas
  04.68.85.06.07
- Domaine Habana
  66100 Cases de Pene
  04.68.38.91.70
- Montes Etienne
  66300 Truilhas
  04.68.38.70.99

Var (83)
- Moulin de Callas
  83830 Callas
  04.94.39.03.20
- Moulin de St Côme
  83740 La Cadière d'Azur
  04.94.90.11.51

- **Moulin de la Callade**
83340 Le-Luc-en-Provence
04.94.60.71.09
- **Moulin de la Loube**
83390 Puget-Ville
04.94.28.06.29
- **Moulin de l'Horloge**
83300 Draguignan
04.94.67.13.50
- **Moulin du Flayosquet**
Route d'Ampus
Chemin du Flaysquet
83780 Flayosc
04.94.70.41.45
- **Moulin de Lorgues**
83510 Lorgues
04.94.70.41.45
- **Moulin Guiol**
83210 La Farlède
04.94.48.74.42
- **Moulin du Père Louis**
83210 Solliès-Ville
04.94.33.78.87

- **Moulin du Partegal**
83210 la Farlède
04.94.48.48.85
- **Moulin Gervasoni**
83630 Aups
04.94.70.04.66
- **Alfred Rovera**
83780 Flayosc
04.94.70.40.17
- **Coopérative Oléïcole**
83690 Salernes
04.94.70.61.70
- **Coopérative Oléïcole**
83670 Tavernes
04.94.72.33.49
- **Coopérative Oléïcole**
83570 Entrecasteaux
04.94.04.33.08
- **Coopérative Oléïcole**
83210 Belgentier
04.94.48.98.80
- **Coopérative Oléïcole**
83640 Saint Zacharie
04.42.72.90.58
- **Coopérative Oléicole**
83890 Besse-sur-Issole
04.94.59.62.01
- **Coopérative Oléicole**
83570 Correns
04.94.59.59.46
- **Coopérative Oléïcole**
83143 Le Val
04.94.86.40.96
- **Coopérative Oléïcole**
83670 Varages
04.94.77.80.06
- **Coopérative Oléïcole**
83570 Cotignac
04.94.04.60.04

- **Coopérative Oléicole «La Solidarité»**
83570 Entrecastaux
04.94.04.44.08
- **Domaine La Bastidette**
83210 La Farlède
04.94.66.76.14
- **Domaine du Jasson**
83250 La Londe-les-Maures
04.94.66.90.26
- **Domaine de Souviou**
83330 Le Bausset
04.94.90.57.63
- **Moulin à Huile Communal**
83136 Mazaugues
04.94.86.95.03
- **Moulin Communal**
83690 Tourtour
04.94.70.57.20
- **Domaine de la Tuilière**
83630 Aups
04.94.70.01.10
- **La Castellane**
83330 Le Castellet
04.94.32.62.04
- **Coopérative du Canton d'Ollioules**
83190 Ollioules
04.94.63.05.80
- **Coopérative «L'Olivade»**
83670 Barjols
04 94 77 00 54
- **La Laborieuse**
83390 Cuers
04.94.48.64.70
- **La Cayanne**
83690 Salernes
04.94.70.72.73

- **L'Aupsoise**
  83630 Aups
  04.94.70.13.34
- **La Carçoise**
  83570 Carcès
  04.94.04.50.04
- **Lou Clen**
  83300 Draguignan
  04.94.47.21.87
- **Maurice Jullien**
  83390 Saint Saturnin
  04 90.75.45.80

Vaucluse (84)
- **Jean Pierre Dauphin**
  84160 Cucuron
  04.90.77.22.90
- **Moulin du Vieux Château**
  84360 Mérindol
  04.90.72.86.76
- **Moulin Mathieu**
  84580 Oppède
  04.90.76.90.66
- **Coopérative Oléïcole**
  84190 Beaumes-de-Venise
  04.90.62.94.15
- **Huileries de Sérignan**
  84830 Sérignan-du-Comtat
  04.90.70.00.13
- **Coopérative Oléicole**
  La Balméenne
  84190 Beaumes-de-Venise
  04.90.62.93.77
- **Siaud Yves**
  84340 Malaucène
  04.90.65.12.93.
- **La Goutte d'Or Provençale**
  84420 Piolenc
  04.90.29.50.23

Corse (2A & 2B)
- **Moulin U Fragnu**
  20214 Calinzana
  04.95.62.75.
- **Soleil de Balagne**
  20225 Avapessa
  04.95.61.78.75
- **Coop. Oléicole de Balagne**
  20256 Corbara
  04.95.60.30.60
- **Brunelli Alain**
  20169 Bonifaccio
  04.95.73.05.41
- **Moulin Almaric**
  20270 Aleria
  04.95.56.64.02
- **Moulin de Sardelle**
  20140 Sollacaro
  04.95.74.03.83
- **Moulin Fragnu di a Torra**
  20160 Vico
  04.95.26.62.81
- **Moulin Rioli Joseph**
  20221 Cervione
  04.95.38.01.84
- **Moulin Roch Quilichini**
  20112 Olmiccia De Tallano
  04.95.78.85.05

REMERCIEMENTS

Je tiens à remercier les Pépinières Rey à la Londe-les-Maures (83) et particulièrement Jean-Marie Rey, pour m'avoir permis de faire les clichés des variétés d'olives. Merci à Jacqueline Bellino et Gilles Gallois de la société Adolive, pour leurs précisions et pour ce magnifique pique-nique improvisé sous leurs oliviers de l'arrière pays niçois. «Celui qui a un bon voisin possède un grand trésor» dit un proverbe plein de sagesse. Merci à Jean-Pierre et Catherine Gouallec pour leur voisinage quotidien depuis tant d'années. Ils reconnaîtront leurs oliviers.

ILLUSTRATIONS

Marie-Claude Eyraud

CREDITS PHOTOGRAPHIQUES

Toutes les photos sont de l'auteur sauf :

B. Clarisse : p.21(Prieuré d'Orsan).

F. Boucourt : p.5.

MAP : ***A. Descat*** : p.2, 28, 35, rabat m. (Jardin privé à Gassin, création Ets Derbez).

MAP : ***A. Guerrier*** : 1ère de couverture.

MAP : ***F. Strauss*** : pp.8, 15, 84, rabat h.

MAP : ***F. Buffetrille*** : p.12 haut.

BIOS : ***P. Huguet*** : p.26.

ISBN 10 : 2-84138-260-5

ISBN 13 : 978-2-84138-260-6

8 rue Blanche 75009 Paris, Tél. 01 48 05 03 03 - Fax 01 48 05 02 04

E-mail : ulmer@editions-ulmer.fr - Site internet : www.editions-ulmer.fr

Conception graphique : Cécile Declerck, Réalisation : Guillaume Duprat

Photogravure : G.C.S. Montreuil

Impression : I.M.E. Baume-les-Dames, Dépôt légal : 1er trimestre 2006

Printed in France,

N° d'édition : 260-01